말맛이 살고 글맛이 좋아지는 어맛!

EBS 초등

# 어휘 맛집

글 홍옥 | 그림 뿜작가

EBS BOOKS

## 들어가는 말

### 한번 맛본 어휘, 두고두고 기억에 남아요!

많은 친구들이 글쓰기와 말하기를 어려워해요. 사실 자신의 생각을 잘 표현하는 게 쉬운 일은 아니에요. 곰곰이 생각하고 말이나 글로써 표현하되, 그 말뜻이 맞는지 틀린지 또 표현이 맞는지 아닌지도 확인해야 해요. 이 과정에서 친구들의 '어휘력'이 빛을 발하게 되지요.

어휘는 '일정한 범위 안에서 쓰이는 낱말의 집합체'를 말해요. 그래서 어휘가 풍부하다는 말은 그만큼 아는 낱말이 많다는 뜻이기도 해요. 특히 우리말은 고유어와 한자어, 외래어가 다양하게 섞여 있어서 다양한 낱말과 표현들이 가득해요. 이러한 어휘와 표현들을 차근차근 알아 가고 바른 뜻을 배운다면, 아마도 글쓰기와 말하기가 그전처럼 어렵지는 않을 거예요. 책을 읽을 때 조금이라도 더 잘 이해하게 되고, 다른 사람의 이야기를 들을 때도 말 속에 담긴 뜻을 더 깊이 알고 공감하게 될 거예요. 또 글을 쓸 때는 자신이 알고 있는 표현들을 알맞은 자리에 넣어서, 하고자 하는 이야기를 제대로 전달할 수 있지 않을까요?

　어휘력을 늘리려면 다양한 방법을 시도해 보세요. 책이나 뉴스, 영화에서 본 낱말의 뜻을 직접 찾아보면서 나만의 어휘 목록을 만들어 보는 것도 의미 있어요. 하나의 낱말을 가지고 그 말이 가진 뜻이 몇 가지나 있는지, 비슷한 말과 반대되는 말이 무엇인지 확장해 보는 것도 필요해요. 또 혹시 잘못 쓰고 있는 어휘는 없는지, 헷갈리게 쓰는 말이 무엇인지 정리해 봐도 좋아요. 그런 과정 속에서 나의 생각과 느낌을 정확하게 표현할 수 있는 말이 무엇인지를 마치 보물찾기 하듯이 찾아보는 일도 재미있을 거예요.

　생활 속에서, 교과서나 재미있게 읽은 책 속에서, 부모님, 친구들과 나누는 대화 속에서 다양한 어휘를 만나 보세요. 그러고는 마치 맛있는 음식을 먹듯이 낱말에 담긴 다양한 뜻을 맛보는 거예요. 한번 맛본 음식의 맛은 두고두고 기억에 남고 생각만 해도 침이 고이지요. 한번 맛본 어휘도 마찬가지예요. 머릿속과 입안에 머물고 있다가 말과 글로 표현할 때 "짠!" 하고 나올 거예요. 그 신기한 일을 친구들도 경험해 보세요.

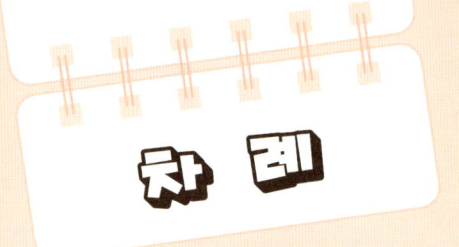

# 차례

## 1장
### 비슷한 맛: 유의어

낌새가 의심스러워…10
잔소리보다 더한 것…14
간절한 기도…18
고약한 성미…22
도타운 우정…26
축알못의 조바심…30
가로세로 십자말풀이 ❶…34
출중한 사람…36
야박한 사장님…40
헷갈리지 않는 방법…44
감자 캐기 체험 소동…48
엇나간 추리…52
뜬소문의 진실…56
가로세로 십자말풀이 ❷…60
큭큭! 어휘 수수께끼… 62

## 2장
### 반대의 맛: 반의어

보미, 너 낯설다…66
떡볶이의 악몽…70
미천하지 않아…74
나는야 천재…78
인위적인 자연인…82
과분한 사랑…86
가로세로 십자말풀이 ❸…90
이타적인 사람…92
새 휴대폰의 강점…96
엄마의 개업…100
소등 행사…104
멀고 먼 귀성 길…108
인기를 독차지하는 이유…112
가로세로 십자말풀이 ❹…116
큭큭! 어휘 수수께끼…118

## 3장
### 헷갈리는 맛

나를 가르치는 사람…122
김장 담그는 날…126
서로 부친 연애편지…130
잃어버린 기회…134
차를 우려내는 시간…138
그리운 추억…142
둥이의 자기 계발…146
가로세로 십자말풀이 ❺…150
큭큭! 어휘 수수께끼…152

## 4장
### 바른 맛

짜장면이 좋아…156
심술쟁이는 안녕…160
설렘 가득 생일잔치…164
우레가 치던 날…168
괜찮을 거야…172
공포의 숨바꼭질…176
당신은 나의 해님…180
가로세로 십자말풀이 ❻…184
큭큭! 어휘 수수께끼…186

★ 십자말풀이 정답…188
★ 어휘 찾아보기…190

어휘력이 좋으면 공부가 재미있어지고, 말솜씨와 글솜씨 모두 좋아져요.
〈EBS 초등 어맛 시리즈〉는 재미있는 어휘 뜻풀이와 문장 활용을 통해
어린이들의 표현력과 문장력을 길러 줄 거예요.
맛있는 음식을 먹고 기분이 좋아지는 것처럼, 다양한 어휘와 표현을 맛보면서
풍요로운 언어생활을 즐겨 보세요.

## 등장인물

### 동이

밝고 명랑하고, 엉뚱함이 살아 있는 활동적인 소녀.
운동 신경이 뛰어난 편이라 달리기를 잘한다.
요리사가 꿈이지만 그보다는 먹는 걸
훨씬 더 좋아한다. 형우 놀리기가 취미이다.

### 형우

모범생 기질이 있다.
직설적인 말을 잘하는 데 반해
여자아이들에게 인기 있다.
앙숙 관계에 있는 동이의 행동을
잘 꿰뚫어 보며, 요리 실력이
뛰어나다. 심한 길치이다.

### 보미

사교성이 좋고 동이와 형우, 명수와 친하다.
이성에게 인기가 많은 편이지만
마음속에는 아이돌 그룹 BBS 오빠들뿐이다.
'아주', '너무' 등의 말을 자주 하는 편이다.

### 뚱이
명수가 기르는 고양이.

### 나리와 벼리
명수가 기르는 대파와 쪽파.

### 명수

감성적이고 섬세한 성격이다.
사물이나 대상에 의미를 부여하거나
이름 지어 주는 걸 좋아한다.
꽃이나 식물 기르기를 잘하며,
그 방면에서는 일가견이 있다.
아이돌 그룹 BBS의 숨은 팬이다.

1장

유의어
## 비슷한 맛

## 이런 뜻이 있어요

**명사**

### 낌새 = 기미 (기미 幾 + 작을 微)

어떤 일을 알아차릴 수 있는 눈치. 일이 되어 가는 야릇한 분위기.

→ 누군가 나를 감시하고 있는 듯한 **낌새**가 느껴진다.
→ 엄마가 화낼 **기미**가 보이면 얼른 공부하는 척을 해.

'낌새'는 19세기 이전에 '두 사물 사이의 간격' 정도를 뜻하는 말로 쓰였지만, 후에 '눈치'나 '기미'와 비슷한 뜻으로 쓰이게 되었어요. 비슷한 말로 '기색'도 있어요. '어떤 행동이나 현상을 짐작할 수 있게 하는 낌새'이지요.

**형용사**

### 미심쩍다
(아닐 未 + 살필 審)

분명하지 못하여 마음이 놓이지 않은 데가 있다.

→ 그 애 눈빛이 어쩐지 **미심쩍었어**. 날 좋아하나?

**형용사**

### 의심스럽다
(의심할 疑 + 마음 心)

확실히 알 수 없어서 믿지 못할 만한 데가 있다. **의심쩍다**.

→ 용의자의 행동이 **의심스러우니**, 미행을 붙여야겠어.

'미심쩍다'와 '의심스럽다'는 둘 다 뭔가 좋지 않은 것을 감추고 있는 듯한 느낌이 들 때 써요. 그런데 미심에 들어가는 한자는 '살필 심(審)'이고, 의심의 한자는 '마음 심(心)'이에요. 미심쩍다는 것은 '아직 뭔가 더 밝혀낼 일이 남아 있다'는 얘기랍니다.

## 얼굴빛 = 안색 (얼굴 顔 + 빛 色)

얼굴에 나타나는 표정이나 빛깔. 낯빛, 면색, 얼굴색.

→ 아빠가 창백한 **얼굴빛**을 하고 집을 나섰다.
→ 어떻게 **안색** 하나 안 변하고 거짓말을 할 수 있지?

*명사*

한자어 '안색'을 우리말로 하면 '얼굴빛', 즉 '낯빛'이에요. 이와 비슷한 말로 '기색(氣色)'이 있어요. '마음의 작용으로 얼굴에 드러나는 빛'으로, "두려워하는 기색이 역력하군."처럼 쓰여요. "전혀 물러날 기색이 없군."으로 쓰면 앞에서 배운 '낌새', '기미'와 비슷한 뜻이 되지요.

## 우쭐하다 = 뽐내다

의기양양하거나 만족한 얼굴로 으스대다.

→ 동이가 달리기에서 이기자 한껏 **우쭐하며** 좋아했다.
→ 멋진 옷을 입고 여봐란듯이 **뽐내고** 싶었다.

*형용사*

## 의기양양하다

(뜻 意 + 기운 氣 + 날릴 揚 + 날릴 揚)
뜻한 바를 이루어 만족감이 얼굴에 나타난 상태이다. **득의양양하다**.

→ 금메달리스트가 **의기양양한** 얼굴로 단상에 올랐다.

'의기양양하다'는 '기세가 너무 좋아서 아주 만족한 상태'예요. 비슷한 말로 '득의양양하다', '뽐내다'가 있어요. '뽐내다'는 우쭐거리는 것을 넘어서 '능력을 보란 듯이 자랑하다'는 뜻도 있어요. '실력을 뽐내다'처럼 쓰이지요. 싸움에 나갈 때 팔을 걷어붙이고 옷소매 밖으로 뽑아 낸 데서 나왔어요.

### 어맛! 말맛 살리는 **어휘 양념 퀴즈 ①**

"킁킁! 사건이 미궁에 빠졌다.
뭔가   치 않아!"

**힌트 1** '의혹이나 꺼림칙한 마음 없이 환하다'는 뜻이에요.

**힌트 2** '~지 않다', '~지 못하다' 등과 호응하여 '꺼림칙하고 의심이 생긴다'는 뜻으로 쓰여요.

---

### 어맛! 말맛 살리는 **어휘 양념 퀴즈 ②**

"동이야, 카메라 앞에서
 좀 잡아 봐!"

**힌트 1** '으쓱거리며 겉으로 뽐내고 드러내는 멋'이에요.

**힌트 2** 영어 'form'에서 왔고 '~을 잡다/내다'로 쓰여요.

정답 ① 수상(하다) ② 폼

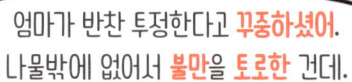

### 동사 — 꾸중하다

아랫사람의 잘못이나 바로잡아야 할 것을 따끔하게 알려 주다.
**꾸지람하다, 지청구하다**.

→ 할머니께서 어른을 보고도 인사 없이 지나갔다고 **꾸중하셨다**.

### 동사 — 혼나다 (넋 魂-)

1. 호되게 꾸지람을 듣거나 벌을 받다.
2. 매우 놀라거나 힘든 지경에 이르다.

→ 복도에서 뛰다가 선생님한테 **혼났다**.
→ 귀신이 나타난 줄 알고 무서워서 아주 **혼났어**.

'꾸중하다', '꾸지람하다'는 윗사람이 아랫사람을 나무라거나 혼내는 거예요. 비슷한 말 '지청구하다'는 '까닭 없이 다른 사람을 탓하다'의 뜻도 있어요. 한편, 호되게 꾸지람을 들을 때 쓰는 '혼나다'는 그 정도가 더욱 심해졌을 때 '혼쭐나다'로 쓰기도 해요.

### 명사 — 푸념

마음속에 품은 불만을 겉으로 드러냄. 또는 그런 말. **넋두리, 아이고땜**.

→ 할머니가 "자식 키워 봤자 소용없다."라며 **푸념**을 늘어놓으셨다.

### 명사 — 불평 (아닐 不 + 평평할 平)

마음에 쏙 들지 않고 못마땅한 상태.
**불만, 불평불만**.

→ **불평**만 하지 말고 뭘 원하는지 제대로 말해 봐.

마음에 들지 않고 못마땅할 때 나오는 투덜거림이 '푸념'이에요. 이 푸념을 '길게 하소연하는 말'을 '넋두리'라 하고, '몹시 슬플 때 하는 넋두리'를 '아이고땜'이라고 해요. 이렇듯 푸념, 불평과 불만은 모두 현재 상태가 만족스럽지 못하고 성에 차지 않을 때 나오는 거예요. 불평과 불만을 합쳐서 '불평불만'으로 쓰기도 해요.

 이런 뜻이 있어요

**동사 털어놓다**
마음속에 품고 있는 사실이나 감정을 숨김없이 말하다. **밝히다**.

→ 꽁꽁 숨기고 있던 비밀을 **털어놓자** 마음이 후련해졌다.

**동사 토로하다**
(토할 吐 + 드러낼 露)
마음에 있는 것을 죄다 드러내서 말하다.

→ 친구에게 답답한 내 마음을 **토로하고** 나니, 그제야 나를 이해해 주었다.

마음속에 있는 생각을 낱낱이 드러내기란 쉽지 않아요. 그래도 솔직하게 입 밖으로 꺼내 놓을 때 '털어놓다' 또는 '토로하다'라고 해요. 고충이나 말하기 어려운 일을 직접적으로 밝힐 때 자주 쓰는 표현이에요.

**명사 군소리**
하지 않아도 좋을 쓸데없는 말.
**군말, 두말**.

→ 알아서 잘할 테니, 제발 **군소리**는 하지 마세요.

**명사 잔소리**
쓸데없이 자질구레하게 하는 말.
**잔말, 사살낱, 세담**.

→ 요즘 아빠의 **잔소리**가 너무 심해서 고민이 많아.

'군소리'와 '군말' 앞의 '군-'은 '쓸데없는'이란 뜻이에요. 군소리는 이 외에도 '잠결이나 아플 때 정신없이 하는 말'이라는 뜻으로도 쓰여요. '잔말'과 '잔소리' 앞의 '잔-'은 '자질구레한'이란 뜻이에요. 잔소리는 '필요 이상으로 듣기 싫은 말이나 꾸짖는 말'로 쓰기도 해요. 엄마가 하는 필요 이상의 말이 여기에 해당하지요.

## 어맛! 말맛 살리는 **어휘 양념 퀴즈 1**

"거짓말한 게 들켜서 아빠한테 ㅇ ㄷ 을 크게 맞았다."

**힌트 1** '소리를 높여 마구 꾸짖는 일'이에요.
**힌트 2** 떠들썩하게 일을 벌이거나 법석거릴 때도 써요.

## 어맛! 말맛 살리는 **어휘 양념 퀴즈 2**

"명수야, 제발 ㅎ ㅅ ㄹ 좀 그만해."

**힌트 1** '실속이 없고 미덥지 아니한 말'을 뜻해요.
**힌트 2** '잠결에나 정신이 없을 때 중얼거리는 말'이기도 해요.

정답 ❶ 야단 ❷ 헛소리

### 간청 (정성 懇 + 청할 請) — 명사
간절히 부탁함. 또는 그러한 부탁.

→ 한 번만 사정을 봐 달라는 **간청**의 손길을 사장님이 뿌리쳤다.

### 애원 (슬플 哀 + 바랄 願) — 명사
소원이나 요구 등을 들어 달라고 애타게 사정하여 간절히 바람.

→ 제발 제 **애원**을 외면하지 마세요.

'간청'은 간절히 청하는 부탁이에요. 누군가의 마음에 닿을 수 있도록 하려면 그만큼 정성이 필요해요. 그래서 '정성 간(懇)'이 들어가요. '애원'도 상대의 마음을 움직이게 할 간절함이 있어야 해요. 눈물로 호소할 수 있어야겠지요? 슬픔을 뜻하는 '슬플 애(哀)'를 쓴답니다.

### 절실하다 (끊을 切 + 열매 實) — 형용사
느낌이나 생각이 뼈저리게 강렬한 상태에 있다.

→ 그런 **절실한** 눈빛으로 나를 바라보지 마.

### 간절하다 (정성 懇 + 끊을 切) — 형용사
마음속에서 우러나와 바라는 정도가 몹시 지극하다.

→ 제 **간절한** 소원을 들어주세요!

무언가 절실하게 이루어지기를 바라는 사람은 자기도 모르게 두 손을 꼭 쥐고 온 마음을 다해 기도하게 돼요. 여러분도 뭔가를 애가 탈 정도로 바란 적 있나요? 자연스럽게 몸이 움츠러들면서 두 손을 맞잡게 될 거예요.

 이런 뜻이 있어요

**명사** 구미
(입 口 + 맛 味)
음식을 먹을 때 입에서 느끼는 맛. **입맛**.

→ 짜장면, 말만 들어도 **구미**가 당기네.

**명사** 식욕
(먹을 食 + 욕심 慾)
음식을 먹고 싶어 하는 욕망.

→ 요즘 **식욕**이 왕성해서 큰일이야.

'구미'가 당기는 건 먹고 싶은 마음이 든다는 거예요. 즉, '식욕이 생긴다'는 뜻이지요. '입맛'이 도는 것도 마찬가지예요. 이와 반대로 '입맛이 떨어진다'는 표현은 단순히 몸이 아파서 그럴 수도 있지만, 경우에 따라서는 '불쾌하다'는 뜻이 되기도 해요.

**명사** 식음 (먹을 食 + 마실 飮)
먹고 마시는 일.

→ 반려견이 **식음**을 전폐하고 주인만 그리워했다.

**명사** 식사 (먹을 食 + 일 事)
끼니로 음식을 먹음.

→ 할아버지 생신에 다 같이 모여서 저녁 **식사**를 하기로 했다.

두 어휘는 먹는 걸 말해요. 이 중 '식음'은 '전폐하다'라는 말과 자주 쓰이는데, '먹고 마시는 일을 아예 그만두는 거예요. 비슷한 표현으로 '곡기를 끊다'가 있어요. 마음의 상처나 충격을 받아서 '음식 자체를 먹지 못하는 상태'를 이르는 표현이에요.

### 어맛! 말맛 살리는 **어휘 양념 퀴즈 ①**

"동이 사정이 , 해서 내가 도와줬어."

- **힌트 1** '일이나 때가 닥쳐서 몹시 급하다'는 뜻이에요.
- **힌트 2** 비슷한 말로 '절실하다', '긴박하다'가 있어요.

### 어맛! 말맛 살리는 **어휘 양념 퀴즈 ②**

"난 요즘 변비 때문에 , 을 잃었다."

- **힌트 1** '밥에서 나는 맛이나 음식이 먹고 싶은 상태'를 말해요.
- **힌트 2** 상대방이 맘에 안 들 때 '○○이 없다'라고도 해요.

**명사**

## 마음씨
마음을 쓰는 씀씀이. **맘씨**.

→ 형우는 비단결 같은 **마음씨**를 가졌다니까.

**명사**

## 성미 (성품 性 + 맛 味)
마음씨, 성질, 버릇 등을 일컫는 말.

→ **성미**가 고약한 사람은 일단 피하는 게 상책이야.

'마음씨'와 비슷한 말 중에는 '심상(心相)'이 있어요. '마음의 바탕'이라는 뜻이지요. '마음의 자세'란 뜻의 '마음가짐'도 많이 쓰는 말이에요. 그리고 마음씨뿐 아니라 성질이나 버릇 등을 다 포함할 때 '성미'라고 써요.

**형용사**

## 깐깐하다
행동이나 성격이 까다로울 만큼 빈틈이 없다.

→ 고모는 **깐깐한** 목소리와 달리 성격이 털털하다.

**형용사**

## 야무지다
사람의 성질이나 행동이 빈틈이 없고 단단하고 굳세다. **여무지다**.

→ 동이는 언제쯤 성숙한 사람처럼 **야무지게** 행동할까.

'깐깐하다'는 말에서 이미 빈틈없음이 느껴져요. 비슷한 말 '야무지다'는 '속이 딴딴하게 잘 익고 옹골차다'는 뜻의 '여물다(야물다)'에서 '야무지다(여무지다)'로 가지치기한 말이에요. '빈틈없이 아주 야무진 사람'을 가리켜 '모도리'라고 한답니다.

**건방지다** (형용사)
잘난 체하거나 남을 낮추어 보듯이 하는 데가 있다. **시건방지다**.

→ 난 **건방진** 사람은 딱 질색이야.

**도도하다** (형용사)
사람이나 말투가 몹시 잘난 체하여 주제넘게 거만하다.

→ 그 전학생, 너무 **도도하게** 굴지 않니?

　잘난 체하거나 거만하다는 뜻의 말은 여럿 있어요. 조금 건방질 경우 '엇되다'라는 말을 쓰고, 조심스러운 태도 없이 무례하게 건방질 때는 '방자하다', '오만하다'를 써요. 이러한 표현들은 사람을 낮추어 보는 태도에서 비롯되었는데, 웬만하면 상대방에게 안 쓰는 게 좋겠지요?

**보잘것없다 = 하잘것없다** (형용사)
시시해서 볼만한 가치가 없을 정도로 하찮고 대수롭지 아니하다.

→ 아아, **보잘것없는** 나의 성적표여!
→ 우리 **하잘것없는** 일로 다투지 말자.

　볼품없거나 하찮고 초라할 때 '보잘것없다', 어떤 일이 시시해서 중요하게 여길 만하지 않을 때 '하잘것없다'라고 해요. '우습다'도 이와 비슷하게 쓰일 때가 있어요. 대단하지 않다고 느낄 때 코웃음을 치며 "흥, 우습군."이라고 하지요.

### 어맛! 말맛 살리는 **어휘 양념 퀴즈 ①**

"형우는 놀부 ㅅ , ㅂ 라서 남 잘되는 꼴을 못 봐."

- **힌트 1** '마음을 쓰는 속 바탕'으로 비슷한 말에 '마음보'가 있어요.
- **힌트 2** 인색하고 심술궂은 마음씨를 '놀부 ○○'라고 해요.

### 어맛! 말맛 살리는 **어휘 양념 퀴즈 ②**

"그 영화는 생각했던 것보다 ㅅ , ㅅ 해서 너무 아쉬웠다."

- **힌트 1** '신통한 데 없이 하찮다'는 뜻이에요.
- **힌트 2** 좀스럽고 쩨쩨한 사람에게도 써요.

### 동사 — 누리다
생활 속에서 마음껏 즐기거나 맛보다.

→ 오늘 이 우승의 기쁨을 가족과 함께 **누리겠습니다**.

### 동사 — 만끽하다 (찰 滿 + 마실 喫)
마음껏 먹고 마시거나, 충분히 만족할 만큼 느끼다.

→ 세계의 산해진미를 **만끽하겠어**!

'누리다'와 '만끽하다'에는 마음껏 즐기다란 뜻이 담겨 있어요. 만족스러울 정도로 즐기면 행복한 감정이 절로 생기겠지요? 비슷한 말로 '누리어 가지다'의 뜻을 가진 '향유하다'도 있어요.

후후, 불어서 먹으면 괜찮아~!

### 형용사 — 도탑다
서로의 인정이나 사귐이 깊고 많다.

→ 형우는 알고 보면 속정이 **도탑고** 따뜻한 아이야.

### 형용사 — 돈독하다 (도타울 敦 + 도타울 篤)
매우 도탑고 성실하다.

→ 우리 우정은 **돈독하기** 그지없지.

'도탑다'의 큰말은 '두텁다'예요. 둘 다 정이나 신뢰 등이 깊을 때 쓰지요. 비슷하게 생긴 말 '두껍다'는 '사물의 두께가 보통보다 클 때' 쓰므로 헷갈리지 않도록 해요.

 이런 뜻이 있어요

**동사 | 티격태격하다**
서로 뜻이 맞지 않아서 이러니저러니 시비가 붙다.
→ 우리는 **티격태격하다**가도 금세 언제 그랬냐는 듯 화해하지.

**동사 | 옥신각신하다**
옳으니 그르니 하며 서로 다투다.
→ 두 사람은 요즘 만날 때마다 **옥신각신하더니** 결국 헤어졌다.

'티격태격', '옥신각신'은 둘 다 '뜻이 맞지 않아서 시비를 벌이는 모양'이에요. 주로 말싸움을 벌일 때 쓰지요. 서로 자기주장을 고집하며 옥신각신하는 일을 가리켜 '승강이', '실랑이'라고 한답니다.

**명사 | 연민**
(불쌍히 여길 憐 + 근심할 憫)
불쌍하고 가련하게 여김.
→ 명수는 형오를 **연민** 가득한 눈으로 바라봤다.

**명사 | 동정** (같을 同 + 뜻 情)
남의 어려운 처지를 자기 일처럼 딱하고 가엾게 여기는 마음.
→ 너희의 **동정** 어린 시선이 얼마나 나를 비참하게 만드는 줄 아니?

두 낱말 다 남의 처지를 가엾게 여기는 마음에서 나와요. '연민'이 안타까워하는 순수한 마음이라면, '동정'은 한 발 나아가 '감정을 드러내고 도우려는 행동'까지 포함하는 말이에요.

### 어맛! 말맛 살리는 **어휘 양념 퀴즈 ❶**

"넌 어쩌면 그렇게 ㅇ ㅈ 이 차고 넘치니?"

- **힌트 1** '남을 동정하고 이해하는 따뜻한 마음'이에요.
- **힌트 2** 본래 '사람이 가지고 있는 감정이나 심성'을 말해요.

### 어맛! 말맛 살리는 **어휘 양념 퀴즈 ❷**

"우리 ㅈ ㄷ ㅇ 얼굴로 기념사진 찍자!"

- **힌트 1** '따뜻한 정이 있다'는 뜻이에요.
- **힌트 2** '정다웁다'는 잘못된 표현이에요.

정답 ❶ 인정 ❷ 정다운(정답다)

## 이런 뜻이 있어요

**명사 트집**
일부러 흠을 들추어내 불평하거나 말썽을 부림. 또는 그 불평이나 말썽.
→ 너 자꾸 **트집**을 부리면 앞으로 여행 갈 때 안 데리고 갈 거야.

**명사 꼬투리**
공연히 남을 헐뜯거나 흠집을 들추어 불평할 만한 거리.
→ 사사건건 **꼬투리**를 잡아서 내 일을 방해한다.

'트집'은 조그만 흠집을 가지고 공연히 불평하는 거예요. 안 그래도 될 것에 심술을 부리고 고집을 피우는 것이지요. '꼬투리' 도 마찬가지예요. '남을 해코지할 생각으로 헐뜯는 말'을 가리켜요. 또 이 말은 '어떤 이야기나 사건의 실마리'를 뜻하기도 해요. "사건의 꼬투리를 잡았어."라고 하면 문제를 해결할 단서를 찾았다는 거예요.

**명사 조바심**
조마조마하고 불안한 마음.
→ 시험에 떨어질까 봐 **조바심**이 났다.

**명사 안달**
마음을 졸이며 조급해하는 일.
→ 콘서트 표를 못 구할까 봐 **안달**이 났다.

'조바심'은 '좁쌀'을 뜻하는 '조'와 '타작'을 뜻하는 '바심'이 합쳐진 말로, 추수가 끝난 조 이삭을 털듯이 조심조심하는 것을 말해요. 조는 질긴 이삭이 잘 떨어지지 않아, 조마조마한 마음으로 열심히 문질러야 겨우 좁쌀을 얻어 낼 수 있었대요. '안달'은 속마음이 달아올라 몹시 조급해지는 거예요. '안달복달하다'로 많이 쓰지요.

 이런 뜻이 있어요

**동사 모함하다**
(꾀할 謀 + 빠질 陷)
나쁜 꾀로 남을 어려움에 빠뜨리다.
→ 죄 없는 사람을 **모함하다니**, 몹시 억울합니다.

**동사 모략하다**
(꾀할 謀 + 다스릴 略)
사실을 왜곡하거나 속임수를 써서 남을 해롭게 하다.
→ 성공을 위해 남을 **모략하는** 일도 했다.

'모함하다'와 '모략하다' 둘 다 한자 '꾀할 모(謀)'가 들어가요. 어떤 목적을 위해서 속임수를 써서 남을 어렵게 만드는 것이지요. 이 중 '모략'은 근거 없는 말로 남의 명예나 지위를 망가뜨리는 '중상(中傷)'과 합쳐져 '중상모략'으로 많이 써요. 온갖 나쁜 짓은 다 모아 놓은 말이지요?

**동사 비방하다**
(헐뜯을 誹 + 헐뜯을 謗)
남을 비웃고 헐뜯어서 말하다.
→ 친구를 **비방하는** 사람과는 절대 친하게 지내지 마라.

**동사 험담하다**
(험할 險 + 말씀 談)
남의 흠을 들추어 헐뜯다.
→ 남을 **험담하면** 결국 자신에게 돌아온다.

둘 다 나쁜 마음을 먹고 남을 비웃거나 헐뜯는 거예요. 비슷한 말로 '흉보다', '씹다' 등이 있어요. 다른 사람의 흠을 이야깃거리로 쓰면 시간 가는 줄 모르고 재미있을지도 몰라요. 하지만 그 대상이 내가 된다면 어떨까요? 우리는 항상 그런 상황을 생각하면서 말과 행동을 조심해야 해요.

### 어맛! 말맛 살리는 어휘 양념 퀴즈 ①

"고백을 하는 애들에게
ㄱ ㅌ 을 부리며
퇴짜를 놓았어."

- 힌트 1 '이리저리 트집 잡아 까다롭게 구는 일'이에요.
- 힌트 2 센말로 '까탈'이 있어요.

### 어맛! 말맛 살리는 어휘 양념 퀴즈 ②

"거짓말이 들통날까 봐
ㅇ ㅈ ㅂ ㅈ 못했다."

- 힌트 1 '마음이 초조하고 불안하여 어찌할 바를 모르는 모양'이에요.
- 힌트 2 '~못하다'와 합쳐져서 '어찌할 바를 모르다'는 뜻으로 써요.

## 가로풀이

① (ㄱ) 무엇이 모자라거나 못마땅하여 떼를 쓰며 조르다.
　 (ㄴ) 반찬 ○○○○.
③ 쥐가 드나드는 구멍. ○○○에도 볕 들 날 있다.
⑤ 얼굴의 눈썹 위로부터 머리털이 난 아래까지의 부분.
⑦ 남의 마음을 그때 상황으로 미루어 알아내는 것. ○○가 빠르다.
⑨ 잘못이나 실수가 없도록 말이나 행동에 마음을 씀.
⑩ 심심함을 잊고 시간을 보내기 위하여 어떤 일을 함. 또는 그런 일.
⑫ 볼만한 가치가 없을 정도로 하찮다.

## 세로풀이

❷ 몸이 갈색이고, 입에 볼주머니를 가진 포유류. ○○○ 쳇바퀴 돌 듯.
❹ 아둔하고 어리석은 사람을 놀리는 조로 이르는 말. 멍텅구리.
❻ 사람이 본래부터 지닌 성격이나 품성.
❽ 고양잇과의 포유류로, 걸음이 가장 빠름. 달리는 속도가 시속 112km 정도 됨.
❾ 조마조마하고 불안한 마음.
⓫ 심술이 차 있음을 비유적으로 이르는 말. ○○○가 가득하다.

### 걸출하다
(뛰어날 傑 + 날 出)
남보다 훨씬 뛰어나다.

→ 우리 학교 졸업생 중에는 **걸출한** 인물들이 많다.

### 출중하다
(날 出 + 무리 衆)
여러 사람 가운데 능력이나 외모가 두드러지다.

→ 내 첫사랑은 인물이 아주 **출중했어**.

남보다 뛰어난 상태를 가리킬 때 써요. 능력이나 재능, 외모 등에서 대단하다는 표현을 이렇게 하지요. 비슷한 말로 '탁월하다'가 있어요. '두드러지게 훌륭하다'는 뜻이에요.

### 원만하다
(둥글 圓 + 찰 滿)
성격이나 외모가 모난 데가 없이 부드럽고 너그럽다.

→ 내 친구는 성격이 **원만해서** 다들 좋아해.

### 무난하다
(없을 無 + 어려울 難)
이렇다 할 어려움이나 까다로움 없이 무던하다.

→ 동이는 성격도 입맛도 **무난해서** 잘 어울리고 잘 먹지.

까다롭지 않고 친구들과 잘 어울리는 사람을 가리켜 '원만하다'고 해요. 둥글둥글한 모양에서 왔지요. '무난하다'와 함께 무던한 성격뿐만 아니라 '일이 별 거리낌 없이 괜찮게 진행될 때'도 써요.

 이런 뜻이 있어요

**형용사 쌀쌀맞다**
성격이나 행동이 따뜻한 정이나 붙임성이 없이 차갑다.

→ 누나가 요즘 나한테 엄청 **쌀쌀맞게** 구는데 왜 그런 거지?

**형용사 냉담하다**
(찰 冷 + 묽을 淡)
태도나 마음씨가 차갑고 무관심하다.

→ 이번 외교 갈등에 대해 여론은 아주 **냉담했다**.

쌀쌀맞은 건 인정 없이 매몰찬 거예요. 한자 '찰 랭(冷)'을 두 번 써서 '냉랭하다'라고도 하지요. '냉담하다'는 차가운 데 더해 무관심으로까지 이어져요. 어떤 문제나 사안에 대해 '무심할 정도로 싸늘하게 볼 때' 써요.

**동사 노려보다**
미운 마음이 든 눈초리로 매섭게 계속 쏘아보다.

→ 명수는 자기를 무시하는 누나를 가자미눈을 하고 **노려보았다**.

**동사 흘겨보다**
못마땅하여 눈동자를 옆으로 굴리어 노려보다. **째려보다**.

→ 나는 잘난 척하는 친구의 뒤통수를 **흘겨보았다**.

노려보거나 흘겨보고, 째려보는 것 모두 상대의 행동이 마음에 들지 않을 때 곱지 않은 시선으로 보는 거예요. 그중 '노려보다'는 본래의 뜻 외에도 '어떤 목적을 두고 눈독을 들이는 것'에도 써요. "이번 우승은 우리 팀이 노려볼 만하다."처럼요.

# 어맛! 말맛 살리는 **어휘 양념 퀴즈**

※ 아래 빈칸에 어울리는 말을 고르세요.

### ❶ "그래, 넌 얼굴도 출중하고, 머리도 좋고! ☐☐☐, 정말!"

- **힌트 1** '얼굴이 잘생기거나 예쁘게 생기다'의 뜻이에요.
- **힌트 2** '능력이나 됨됨이가 남보다 뛰어나다'의 뜻도 있어요.
- **힌트 3** '별로 대수롭지 않음'을 반어적으로 표현한 말이에요.

① 못났어
② 잘났어
③ 뻔했어

형우, 너 세계에서 제일 똑똑하고 우주 최강 잘생겼어!

### ❷ "그렇다고 ☐☐☐을 뜨고 노려보면 어쩔 건데?"

- **힌트 1** '분하거나 화나서 매섭게 쏘아보는 눈'이에요.
- **힌트 2** 비슷한 말로 '송곳눈'이 있어요.
- **힌트 3** 눈매가 도끼처럼 날카롭다 해서 생긴 말이에요.

① 뱁새눈   ② 반달눈   ③ 도끼눈

**형용사**

### 야박하다
(들 野 + 얇을 薄)

사람이나 그 태도가 자기만 생각하고 인정이 없다.

→ 너 그렇게 **야박하게** 굴면 국물도 없어!

**형용사**

### 각박하다
(새길 刻 + 얇을 薄)

인심이나 세상의 상태가 인정이 없고 모질다.

→ 옆 마을은 인심이 너무 **각박해**.

'야박하다', '각박하다' 둘 다 인정이 없고 감정이 메마른 걸 말해요. 자기만 생각하고 남을 돌볼 마음이 없다는 점에서 '야멸치다'와 뜻이 통해요. '각박하다'는 '형편 따위가 넉넉하지 않거나 땅이 거칠고 삭막한 상태'를 가리킬 때도 써요.

**명사**

### 체면 (몸 體 + 얼굴 面)

남을 대하기에 떳떳할 만한 도리나 얼굴.

→ 사람이 **체면**이 있지, 어떻게 남한테 돈을 빌려?

**명사**

### 면목 (얼굴 面 + 눈 目)

남을 대하기 번듯한 도리나 낯.

→ 내가 무슨 **면목**으로 엄마 얼굴을 보겠어.

두 어휘 모두 '얼굴'과 관계있어요. 사람들은 남들 앞에서 자신이 어떻게 보이는지에 대해 신경을 많이 써요. 그래서 창피를 당하면 "체면이 구겨졌다."라고 하고, 미안한 마음이 생기면 "면목이 참 없다."라고 하지요.

 이런 뜻이 있어요

**형용사**
## 치열하다
(성할 熾 + 세찰 烈)
기세나 세력 등이 불길같이 세차다.

→ 금메달을 두고 선수들이 **치열한** 경기를 펼쳤다.

**형용사**
## 맹렬하다
(사나울 猛 + 세찰 烈)
기세가 몹시 사납고 드세다.

→ 전투에서 양쪽 군사가 서로를 향해 **맹렬하게** 공격했다.

두 어휘 모두 '기세가 뜨겁고 세찬 상태'를 가리키는 말이에요. 어떤 대결이나 경쟁 등에서 이기기 위해 최선을 다할 때 써요. 여러분은 치열하고 맹렬했던 경험이 있나요?

**명사**
## 파산 (깨뜨릴 破 + 낳을 産)
재산을 모두 날려 버리고 망함.

→ 얼마 전에 개업한 식당 말이야, 손님이 없어서 **파산** 위기래.

**명사**
## 도산 (넘어질 倒 + 낳을 産)
(기업이) 재산을 다 잃고 망함.

→ 은행의 **도산**으로 우리 마을 전체가 어려워졌다.

개인이나 기업이 가지고 있던 자산을 모두 잃은 상태예요. 이 중 '파산'은 개인과 기업 둘 다에 쓰이고, '도산'은 기업에 주로 쓰여요. 한순간에 재산을 다 잃으면 어떤 기분일까요. 살면서 겪지 않으면 좋을 일이겠지요?

어맛! 말맛 살리는 **어휘 양념 퀴즈**

※ 아래 빈칸에 어울리는 말을 고르세요.

❶ "어려운 친구를 외면하다니, 넌 너무 ☐☐☐."

**힌트 1** '얄미울 정도로 쌀쌀맞고 인정 없다'는 뜻이에요.
**힌트 2** 비슷한 말로 '무정하다'가 있어요.

① 친절해　　② 매정해　　③ 다정해

❷ "나도 ☐☐ 있는 사람이야. 앞으로 적당히 먹을게."

**힌트 1** '체면을 생각하고 부끄러움을 아는 마음'이에요.
**힌트 2** 반대말로 '몰염치'가 있어요.

① 염치
② 새치
③ 길치

### 명사

**거주지** (살 居 + 살 住 + 땅 地)
사람이 자리 잡고 머물러 살아가는 일정한 장소. **주거지**.

→ 유목민은 일정한 **거주지**가 없고 초원을 따라 유랑하며 살아.

**주소지** (살 住 + 바 所 + 땅 地)
사람이 살고 있는 곳이나 기관, 회사 등이 자리 잡고 있는 행정 구역상의 장소.

→ 이사하는 즉시 우편물 **주소지**를 변경했다.

사람이 일정한 곳에 머물러 살아가는 장소가 '거주지'이자 '주거지'예요. 이와 비슷한 '주소지'는 기본적으로 사람이 살고 있는 곳이나, 도·시·군 등의 행정 구역상으로 나타낸 실질적인 장소예요.

### 동사

**헤매다**
방향 없이 이리저리 돌아다니다.
갈피를 잡지 못하다.

→ 그 근방을 온종일 **헤매고** 다녔지만, 잃어버린 강아지를 찾지 못했다.

**방황하다** (헤맬 彷 + 헤맬 徨)
정처 없이 헤매거나 갈팡질팡하다.

→ 길거리를 **방황하다가** 돈을 주웠지 뭐야.

두 어휘 모두 '정처 없이 이리저리 돌아다니는 걸' 말해요. 그런 상태이다 보니 마음도 어찌할 바를 모르고 혼란스럽겠지요? 비슷한 말로 '배회하다'가 있는데, '아무 목적 없이 어떤 곳을 중심으로 어슬렁거리며 돌아다니다'의 뜻이에요.

 이런 **뜻**이 있어요

**형용사**

### 유사하다
(무리 類 + 닮을 似)
서로 비슷하다.

→ **유사한** 사건들이 꼬리에 꼬리를 물고 이어졌다.

**형용사**

### 엇비슷하다
어지간히 같다.

→ 용의자로 지목된 사람들의 대답은 한결같이 약속이나 한 듯이 **엇비슷했다**.

'엇비슷하다'의 '엇—'은 '어지간한 정도로 대충'이란 뜻이 있어요. 그래서 '엇비슷하다'는 '대충 비슷하다'는 의미로 쓰이지요. '거의 같을 정도로 비슷하다'의 뜻으로 '흡사하다'도 있어요.

**형용사**

### 헷갈리다
여러 가지가 뒤섞여 갈피를 못 잡고 혼란스럽다. **헛갈리다**.

→ 길이 **헷갈리지** 않게 이정표를 붙여 놓았다.

**형용사**

### 혼동되다
(섞을 混 + 한가지 同)
구별되지 못하고 뒤섞이어 생각되다.

→ 쌍둥이 목소리가 **혼동될** 정도로 비슷하다.

'헷갈리다'와 '헛갈리다' 두 어휘 모두 표준어이므로 여러분 마음 가는 말을 쓰면 돼요. '보람 없는', '이유 없는'의 뜻을 지닌 '헛—'이 변해서 '헷—'이 된 것으로 보고 있어요. '혼동되다'는 '서로 뒤섞이어 하나가 되다'는 의미도 가지고 있어요.

46

### 어맛! 말맛 살리는 어휘 양념 퀴즈

※ 아래 빈칸에 어울리는 말을 고르세요.

**❶ "어떻게 나리를 보고 벼리라고 ☐☐ 할 수 있어?"**

- 힌트 1: 사물이나 사람을 실제와 다르게 '잘못 아는 거'예요.
- 힌트 2: 비슷한 말로 '착오하다'가 있어요.

① 착각
② 비교
③ 칭찬

**❷ "길을 잃었다고 ☐☐☐☐ 하지 마. 나침반이 있잖아."**

- 힌트 1: '갈피를 못 잡고 헤매다'의 뜻이에요.
- 힌트 2: 비슷한 말로 '우왕좌왕하다'가 있어요.

① 대충대충
② 갈팡질팡
③ 싱숭생숭

 이런 **뜻**이 있어요

**동사**

### 체험하다
(몸 體 + 시험 驗)
몸소 보고 듣고 겪다.

→ 명수 삼촌은 난생처음 색다른 공포를 **체험했다**.

**동사**

### 경험하다
(경서 經 + 시험 驗)
실제로 해 보거나 겪어 보다.

→ 지금껏 **경험하지** 못했던 파릿함을 느꼈다.

두 어휘는 모두 직접 겪거나 해 보는 활동과 관계있어요. 보통은 비슷하게 쓰이지만, 맥락에 따라 자연스러운 어휘가 있어요. 예를 들어 '산 체험'보다는 '산 경험'이, '경험 활동', '경험 수기'보다는 '체험 활동', '체험 수기'가 더 자연스러워요.

**형용사**

### 비옥하다
(살찔 肥 + 기름질 沃)
땅이 걸고 양분이 많다.

→ 땅이 **비옥해서** 감자 농사가 잘된다.

**형용사**

### 기름지다
땅이나 흙이 양분이 많은 상태에 있다.

→ 난 **기름진** 논밭을 보면 밥을 안 먹어도 배불러.

'기름지다'는 '음식물에 기름기가 많다'는 뜻이에요. 그만큼 영양 상태가 좋다는 의미로 땅에도 적용돼요. '흙이나 땅의 영양 상태가 아주 좋고 기름지다'의 뜻을 가진 기본 어휘 '걸다'도 알아 두고 활용해 보면 어떨까요?

삼촌, 동치미는 없나요?

49

 이런 뜻이 있어요

**명사 거름**
땅을 기름지게 하여 곡식을 잘 자라게 하는 영양 물질.
→ 할아버지는 봄이 되면 밭에 **거름**을 뿌리셨다.

**명사 퇴비**
(쌓을 堆 + 살찔 肥)
풀, 짚, 재, 낙엽, 똥오줌 등을 쌓아서 썩힌 거름. **두엄**.
→ **퇴비**를 듬뿍듬뿍 주어야 식물이 잘 자란단다.

'거름'과 '퇴비'는 땅에 양분을 주어서 농작물이 잘 자라게 하는 천연 비료예요. 씨를 뿌리기 전에 주는 거름을 '밑거름'이라 하는데, '어떤 일을 하는 데 중요한 기초가 되는 걸' 말해요.

**명사 효능**
(본받을 效 + 능할 能)
좋은 결과나 보람을 나타내는 능력.
→ 김 박사가 개발한 약의 **효능**은 아직 검증된 바가 없다.

**명사 효험**
(본받을 效 + 시험 驗)
어떤 일이나 약 따위의 작용으로 나타나는 좋은 결과나 보람. **효과**, **효력**.
→ 살 빠지는 약을 한 달째 먹고 있는데 아무런 **효험**을 못 봤다.

엄밀히 따지면 '효능'은 '좋은 결과를 얻을 수 있는 능력'이고, '효험'은 '좋은 결과나 보람이 나타나는 상태'라고 볼 수 있어요. '효험'과 비슷한 말로는 '효과', '효력' 등이 있어요. 모두 '본받을 효(效)'를 쓴답니다.

# 어맛! 말맛 살리는 **어휘 양념 퀴즈**

※ 아래 빈칸에 어울리는 말을 고르세요.

### ❶ "감자를 캐면서 비로소 농사의 보람을 ☐☐☐☐."

**힌트 1** '음식의 맛을 알기 위해 먹어 보는 거'예요.
**힌트 2** '몸소 겪고 체험해 보는 것'을 말해요.

① 지겨웠어    ② 맛보았어    ③ 외면했어

### ❷ "소화제의 ☐☐이 나타나는지, 금세 배가 고파요!"

**힌트 1** '약을 먹은 뒤에 나타나는 효험'이에요.
**힌트 2** 비슷한 말로 '약효'가 있어요.

① 가격
② 성분
③ 약발

정답 ❶ ② ❷ ③

# 엇나간 추리

## 이런 뜻이 있어요

**형용사 — 참혹하다**
(참혹할 慘 + 혹독할 酷)
몹시 잔인하고 끔찍하다.

→ 그 참혹한 광경을 차마 눈 뜨고 볼 수 없었다.

**형용사 — 비참하다**
(슬플 悲 + 참혹할 慘)
어떤 상황이 매우 슬프고 끔찍하다.

→ 그 일은 너무 비참해서 생각하기도 싫다.

두 어휘 모두 사건이나 정황이 진저리가 날 만큼 '너무나 놀랍고 끔찍하다'는 뜻이에요. 무척 끔찍하고 절망적인 상황일 때는 '참담하다'라는 말도 자주 써요.

**명사 — 추리**
(밀 推 + 다스릴 理)
알고 있는 사실을 바탕으로 새로운 사실을 미루어 생각함.

→ 그 애의 추리는 완전히 빗나가고 말았어.

**명사 — 추론**
(밀 推 + 논할 論)
어떤 일을 미루어 생각하여 논함.

→ 추론은 반드시 사실에 근거해야 해.

어떤 사실이나 단서를 바탕으로 '새로운 판단을 하는 것'은 '추리'에 가까워요. '추론'은 이와 비슷하면서도, 추리 과정을 거듭해서 '최종적으로 결론을 내리는 것'을 말해요.

 이런 **뜻**이 있어요

**부사**
## 틀림없이
사실이나 정황이 조금도 어긋나는 일 없이 확실하게.

→ 범인은 **틀림없이** 현장에 다시 돌아올 거야.

**부사**
## 영락없이
(떨어질 零 + 떨어질 落)
조금도 틀리지 않고 꼭 들어맞게.

→ 무릎이 쑤시면 **영락없이** 비가 온다.

어떤 짐작이 확실할 때 자주 쓰는 말이에요. 비슷한 말로 '다름없이', '적확히' 등이 있어요. 이 중 '적확히'는 '정확하게 맞아 조금도 틀리지 않게'를 뜻해요. '정확히'보다 더 확실하다는 느낌이 들지요. 가끔 '적확히'가 '정확히'의 틀린 말이라고 생각하는 이들이 있는데, 두 어휘 모두 표준어입니다.

**명사**
## 단서 (바를 端 + 실마리 緒)
어떤 문제를 해결하는 방향으로 이끌어 가는 일의 첫 부분.

→ **단서**를 찾았으니, 범인 잡는 건 시간문제야.

**명사**
## 실마리
일이나 사건을 풀어 나갈 수 있는 맨 첫머리.

→ 이제야 사건의 **실마리**가 풀리는군.

'실마리'는 감았거나 헝클어진 '실의 첫머리'를 말해요. 실의 처음을 찾으면 술술 풀리는 것처럼, 사건의 첫머리를 잡으면 그다음 문제가 해결되는 계기가 되지요. 이들과 비슷한 말로 '단초', '시초' 등이 있어요.

# 어맛! 말맛 살리는 **어휘 양념 퀴즈**

※ 아래 빈칸에 어울리는 말을 고르세요.

### ❶ "이제부터 나를 ☐☐☐ 형우라고 불러 줘!"

**힌트 1** 사건 해결에 능숙한 솜씨를 발휘하는 '이름난 탐정'을 말해요.
**힌트 2** 《셜록 홈스》에 나오는 '홈스'의 직업이에요.

① 명탐정　　② 명사수　　③ 명배우

### ❷ "☐☐☐를 떼도 소용없어. 네가 범인이야!"

**힌트 1** '자기가 하고도 아니한 체, 알고도 모르는 체하는 태도'예요.
**힌트 2** 매의 꽁지 속에 매어 둔 매 주인의 주소를 적은, 작고 얇은 뼈예요.

① 동치미
② 시치미
③ 진선미

 이런 뜻이 있어요

**고대하다** (동사)
(괴로울 苦 + 기다릴 待)
몹시 기다리다.

→ 다시 만날 날을 고대할게.

**기대하다** (동사)
(기약할 期 + 기다릴 待)
어떤 일이 원하는 대로 이루어지기를 바라면서 기다리다.

→ 시설이 기대했던 것보다 훨씬 좋았다.

두 어휘 모두 한자 '기다릴 대(待)'가 들어가요. 그런데 '고대하다'에는 '괴로울 고(苦)'가 있어요. 너무나 간절히 바라면 괴로워하면서 기다리게 되는 게 아닐까요?

**해체하다** (동사)
(풀 解 + 몸 體)
단체를 흩어지게 하거나 없어지게 하다.

→ 야구단을 해체한다는 소식을 듣고 충격을 받았다.

**해산하다** (동사)
(풀 解 + 흩을 散)
모였던 사람이 흩어지게 하다.

→ 경찰이 시위하던 사람들을 강제로 해산했다.

두 어휘 모두 모였던 사람들이 흩어지는 걸 뜻해요. 이 중 '해체하다'는 '기계 따위를 뜯어서 헤치다', '건물이나 구조물을 헐어 무너뜨리다'의 뜻도 있어요.

57

 이런 뜻이 있어요

### 뜬소문 (-바 所 + 들을 聞)
**명사**

이 사람 저 사람 입에 오르내리며 근거 없이 떠돌아다니는 소문.

→ 그 얘기는 **뜬소문**에 지나지 않는다.

### 유언비어 (흐를 流 + 말씀 言 + 바퀴 蜚 + 말씀 語)
**명사**

아무 근거 없이 널리 퍼진 소문.

→ 그거 다 **유언비어**니까 믿지 마.

말은 전해지는 과정에서 없는 말이 생기기도 하고, 부풀려지기도 해요. '뜬소문', '유언비어' 모두 근거 없이 떠도는 헛소문이에요. 그래서 쉽게 믿지도, 옮기지도 말아야 해요. 비슷한 말로 '터무니없는 헛소문'이라는 뜻의 '낭설'이 있어요.

### 연기 (늘일 延 + 기약할 期)
**명사**

정해진 기한을 뒤로 미룸.

→ 저희 여행 일정 말인데, 조금 **연기**를 해도 될까요?

### 유예 (오히려 猶 + 미리 豫)
**명사**

일을 행하는 데 날짜나 시간을 늦추거나 미룸.

→ 학교 앞 육교 철거 **유예** 소식 들었니?

두 어휘 다 '미루다'는 뜻이에요. '유예'는 상상 속 동물인 '유'와 '예'라는 두 동물이 겁이 많아 망설이는 버릇이 있다는 데서 유래한 말로, 결단을 내리지 못하고 머뭇거리거나 기한을 늦출 때 써요.

어맛! 말맛 살리는 **어휘 양념 퀴즈**

※ 아래 빈칸에 어울리는 말을 고르세요.

❶ "이날만을 ☐☐☐☐ 하며 기다렸어!"

힌트 1 '애타게 기다리다'를 뜻하는 사자성어예요.
힌트 2 '학의 목처럼 목을 길게 빼고 기다리다'의 뜻이에요.

① 설상가상
② 학수고대
③ 지피지기

❷ "너희 식당 맛집이라며? ☐☐ 으로 들었어."

힌트 1 '바람처럼 떠도는 소문'을 말해요.
힌트 2 비슷한 말로 '풍설'이 있어요.

① 풍문   ② 풍년   ③ 풍경

정답) ❶ ②  ❷ ①

## 가로풀이

① 아무 근거 없이 널리 퍼진 소문.
③ 재산을 모두 잃고 망함.
⑤ 열 또는 전기가 물체 속을 이동하는 일.
⑥ 드나드는 문을 지키는 사람.
⑧ 볕이 나 있는 날 잠깐 오다가 그치는 비.
⑩ 차게 해서 먹는 국수. 평양○○.
⑫ 월요일을 기준으로 한 주의 넷째 날.
⑭ 앉을 수 있게 마련된 자리.
⑮ 나날이 발전해 나간다는 뜻의 사자성어.

## 세로풀이

❶ 투명하고 단단하며 잘 깨지는 물질.
❷ 비상구에 붙어 있는 문.
❸ 파를 넣고 만든 전.
❹ 산에 사는 도깨비.
❼ 도움이 되도록 이바지함.
❾ 이리저리 왔다 갔다 하며 방향을 종잡지 못함.
⓫ 남을 대하기 번듯한 도리. ○○이 없다.
⓭ 그날그날 겪은 일이나 생각, 느낌을 적는 공책.

❶ 가장 엄숙하지 못하고 불안한 절은?

❷ 구르면 구를수록 높이 올라가는 것은?

❸ 면 중에서 차리기만 하다가 못 먹는 면은?

❹ 떡 중에서 가장 빨리 먹는 떡은?

❺ 문은 문인데 닫지 못하는 문은?

❻ 세상에서 가장 듣기 싫은 소리는?

2장

반의어
# 반대의 맛

### 형용사 | 낯익다
여러 번 보거나 경험해서 익숙하다.

→ 글씨가 왠지 **낯익다** 했더니, 내가 쓴 거였네.

### 형용사 | 낯설다
전에 본 기억이나 겪은 적이 없어서 익숙하지 않다.

→ **낯선** 사람을 조심합시다!

'낯익다'와 '낯설다'에는 모두 얼굴을 뜻하는 '낯'이 들어가요. 얼굴을 자주 보면 눈에 익고 익숙해져요. '낯익고 친한 정도에 따라 달리 대하다'의 뜻으로 '낯가리다'가 있어요. 아기들이 낯선 사람을 보고 울 때 많이 써요.

### 명사 | 초면 (처음 初 + 낯 面)
처음으로 대하는 얼굴이나 처지. **첫낯**.

→ **초면**이니까 실수하지 말고 잘 보여.

### 명사 | 구면 (옛 舊 + 낯 面)
전부터 알고 있던 관계나 그러한 사람.

→ 두 번째 만남이니, 우린 **구면**이로군요.

'초면'은 '처음 만난 사람', '구면'은 '전부터 알고 지낸 사람이나 관계'예요. 보통 "초면에 실례가 많습니다."라고 말하는데, 처음 만나는 사람뿐만 아니라 익숙한 사람에게도 예의를 갖추고 대해야겠죠?

 이런 뜻이 있어요

**형용사**

## 친숙하다
(친할 親 + 익을 熟)

친하여 익숙하고 서로 허물이 없다.

→ 그 캐릭터는 우리에게 **친숙하게** 알려져 있다.

**형용사**

## 생소하다
(날 生 + 트일 疏)

처음 보거나 겪는 일이라 낯설다.

→ 어머, 이런 **생소한** 음식은 처음 먹어 봐요.

'친숙하다'는 '익숙한 데다 친하기까지 하다'는 뜻으로, '친근하다'는 말과 통해요. 반대로 '생소하다'는 '처음 겪는 일이라 낯설고 익숙지 않은 상태'를 가리켜요. 따라서 일도 서투르게 처리하겠지요? '익숙하지 못하여 어색하다'는 뜻의 '생경하다'와 비슷하게 쓰여요.

**명사**

## 하수 (아래 下 + 손 手)

남보다 수준이 낮은 솜씨나 재주. 그런 사람.

→ 게임 레벨 **하수**에게 세 번이나 지다니.

**명사**

## 고수 (높을 高 + 손 手)

특정 분야에서 기술이나 실력이 매우 뛰어난 사람.

→ 저분이 바로 바둑의 **고수**이시다.

보통 바둑이나 장기에서 '실력이 높은 사람'을 '고수'라고 불러요. 그에 비해 '실력이 모자란 사람'을 '하수'라고 하지요. 고수가 되기 위해서는 무엇이 필요할까요? 꾸준한 노력과 앞을 예측할 수 있는 통찰력이랍니다.

### 어맛! 말맛 살리는 **어휘 양념 퀴즈 1**

## "이 도자기는 ㄷ ㅇ 의 피와 땀이 느껴집니다."

- **힌트 1** '학문이나 기예가 남달리 뛰어난 사람'이에요.
- **힌트 2** '사물의 이치와 도리에 정통한 사람'이기도 해요.
- **힌트 3** 비슷한 말로 '대가', '전문가', '장인' 등이 있어요.

### 어맛! 말맛 살리는 **어휘 양념 퀴즈 2**

## "동이는 연애 ㅍ ㄴ ㄱ 다!"

- **힌트 1** '경험이 없어서 일에 서투른 사람'이에요.
- **힌트 2** '차분하지 못하고 객기를 잘 부리는 사람'도 이렇게 말해요.
- **힌트 3** 새로운 사람. 비슷한 말로 '새내기'가 있어요.

정답 ① 달인 ② 풋내기

**명사 망각** (잊을 忘 + 물리칠 却)
어떠한 일이나 사실을 잊어버림.
→ 인간은 **망각**의 동물입니다.

**명사 기억** (기록할 記 + 생각할 憶)
이전의 인상이나 경험을 의식 속에 간직하거나 되살려 생각해 냄.
→ **기억**이 희미한데, 그때 뭐라고 했었지?

만약 내 삶의 모든 걸 다 기억하고 산다면 어떻게 될까요? 분명히 그중에는 기억하고 싶지 않은 일들도 많아서 괴로울 거예요. 그래서 인간의 뇌는 '기억'과 '망각'을 적절하게 유지해 줘요. 물론 좋은 일과 정보는 잊기보다 기억하는 쪽이 더 좋겠죠?

**명사 악몽** (악할 惡 + 꿈 夢)
꿈자리가 사납고 불길한 꿈. 흉몽.
→ 어서 **악몽**에서 깨어나시오.

**명사 길몽** (길할 吉 + 꿈 夢)
좋은 징조가 생길 것 같은 꿈. 상몽.
→ 돼지꿈은 **길몽**이지?

무의식 속에 자리 잡고 있는 걱정거리나 희망이 꿈으로 나타나곤 해요. 기왕이면 좋은 생각을 가지고 좋은 꿈을 꾸면 좋겠죠? 무서운 꿈을 가리키는 '악몽'은 '차라리 꿈이었으면 싶은 끔찍한 상황'을 비유적으로 나타내는 말이기도 해요.

**이런 뜻이 있어요**

### 뜻나 업신여기다
교만한 마음으로 남을 낮추어 보거나 하찮게 여기다.

→ 사람을 **업신여기면** 안 돼.

### 뜻사 떠받들다
공경하여 섬기고, 존경하며 높이 받들다.

→ 인도에서는 '흰 소'를 성스러운 동물로 여겨서 신처럼 **떠받든다**.

'업신여기다'는 흔히 '깔보다', '얕잡아 보다' 등과 비슷하게 쓰여요. 반대의 뜻을 가진 '떠받들다'는 '숭배하다'처럼 공경하고 소중히 다뤄지는 걸 말해요. 참고로 '업수이여기다'는 바른 표현이 아니니, 꼭 '업신여기다'로 써야 해요.

### 뜻나 반항하다
(돌이킬 反 + 막을 抗)
다른 사람이나 대상에 맞서 대들거나 반대하다.

→ 내 말에 **반항할수록** 너만 힘들어져.

### 뜻사 복종하다
(입을 服 + 좇을 從)
남의 명령이나 의사를 어긋남 없이 그대로 따라서 좇다.

→ 지휘관의 명령에 **복종하라**.

역사책을 보면 불의에 맞서 목숨을 내놓은 위인들이 많아요. '반항하다'와 비슷한 말로 '저항하다', '대항하다', '항거하다' 등이 있어요. 반대로 '복종하다'는 남의 명령을 무조건 따르는 것으로, '순종하다', '맹종하다'와 뜻이 비슷해요.

### 어맛! 말맛 살리는 **어휘 양념 퀴즈 ①**

"BBS 오빠들과 함께한 아름다운   들."

- **힌트 1** '지나간 일을 돌이켜 생각하는 일'이에요.
- **힌트 2** 비슷한 말로 '회상'이나 '회고' 등이 있어요.

### 어맛! 말맛 살리는 **어휘 양념 퀴즈 ②**

"하면 목숨은 살려 주겠다."

- **힌트 1** '적이나 상대의 힘에 눌려 굴복하다'란 뜻이에요.
- **힌트 2** 보통 이 표시로 두 손을 번쩍 들고 서 있어요.

**형용사** **미천하다**
(작을 微 + 천할 賤)
신분이나 지위 등이 낮고 천하다.

→ **미천한** 가문에서 태어나 성공을 이루었다.

**형용사** **고귀하다**
(높을 高 + 귀할 貴)
신분, 지위 따위가 보통보다 높고, 중한 가치가 있다.

→ 사람은 누구나 **고귀한** 존재야.

옛날에는 신분에 따라 사람을 높이 우러러보거나 낮추어 무시하곤 했어요. '미천하다'는 '천하다'의 뜻과 같아요. 반대로 '고귀하다'는 '귀하다'와 일맥상통하지요. 신분이나 직업에 귀천이 있다는 생각은 아예 버려야 해요. 누구나 존중받을 고귀한 존재니까요.

**형용사** **금쪽같다** (쇠 金-)
매우 귀하고 소중하다.

→ **금쪽같은** 내 젊음.

**형용사** **하찮다**
그다지 훌륭하지도, 대수롭지도 않다.

→ 그런 **하찮은** 일에 신경 쓰지 마.

금은 오래전부터 사랑받는 귀금속이에요. 그래서 작은 조각의 '금쪽'도 소중하고 귀하다는 뜻으로 쓰여요. '하찮다'는 본디 '크다', '많다'라는 뜻의 '하다'가 '하치않다' 즉 '크지 않다', '많지 않다'로 바뀌었고, 결국 '대수롭지 않다'는 뜻이 되었어요.

 이런 뜻이 있어요

**형용사 겸손하다**
(겸손할 謙 + 겸손할 遜)
남을 높이어 대하고 자기를 내세우지 않는 태도가 있다.
→ 명수는 잘난 척하지 않고 항상 **겸손해**.

**형용사 교만하다**
(교만할 驕 + 게으를 慢)
잘난 체 뽐내고 건방지다.
→ 너의 **교만한** 태도에 질려 버렸어.

'교만하다'와 비슷한 말로는 '거만하다', '오만하다' 등이 있어요. 하나같이 자신을 자랑하면서 남을 무시하는 태도가 묻어나지요. 벼 이삭이 익을수록 고개를 숙이듯, 스스로 자세를 낮추고 남들 앞에서 겸손할 줄 알아야 해요.

**부사 철저히**
(통할 徹 + 밑 底)
깊은 구석구석까지 부족함이나 빈틈없이.
→ 경찰은 스쿨존 속도위반 차량에 대해 **철저히** 조사했다.

**부사 허술히**
치밀하지 못하고 엉성하고 빈틈이 있게.
→ 일을 아마추어처럼 **허술히** 하면 어쩌자는 건가.

'허술히'는 엉성하다는 뜻 말고 '보잘것없이', '무심하고 소홀하게'의 뜻이 있어요. 옷을 허술히 입는다거나 사람을 허술하게 대할 때도 쓰이지요. 반대로 '철저히'는 빈틈 하나 없이 꼼꼼한 거예요. 이 말과 통하는 '철두철미'는 '처음부터 끝까지 철저하게'란 뜻이에요.

어맛! 말맛 살리는 **어휘 양념 퀴즈 ❶**

## "동이가 20등 했다고
## ㄱ,ㄷ,ㄹ 을 피운다며?"

- **힌트 1** '거만스러운 태도'를 뜻해요.
- **힌트 2** 비슷한 뜻을 가진 동사로 '거들먹거리다'가 있어요.
- **힌트 3** 여드름과 글자 하나가 달라요.

어맛! 말맛 살리는 **어휘 양념 퀴즈 ❷**

## "   잘한다고
## 성공하지 않아요."

- **힌트 1** 남의 비위를 맞추며 '알랑거리는 거'예요.
- **힌트 2** 비슷한 말로 '아첨'이 있어요.

## 형용사 **비범**하다
(아닐 非 + 무릇 凡)
보통 실력보다 훨씬 뛰어나다.

➜ 《홍길동전》의 주인공 홍길동은 **비범한** 인물이야.

## 형용사 **평범**하다
(평평할 平 + 무릇 凡)
뛰어나거나 색다른 점 없이 보통이다.

➜ **평범한** 외모에서 어떻게 저런 매력이 나오지?

'비범하다'와 비슷한 말로는 '비상하다', '출중하다', '탁월하다' 등이 있어요. 보통보다 뛰어난 수준을 지니고 있다는 뜻이에요. 반대로 '평범하다'는 '무난하다', '예사롭다', '범상하다', '어지간하다'와 비슷한 뜻으로 쓰여요.

## 명사 **천재** (하늘 天 + 재주 才)
선천적으로 타고난, 보통 사람보다 훨씬 뛰어난 재주나 능력을 가진 사람.

➜ '상대성 이론'을 세운 아인슈타인은 **천재** 과학자로 유명해.

## 명사 **둔재** (무딜 鈍 + 재주 才)
깨침이 빠르지 못하고 둔한 재주를 가진 사람.

➜ **둔재**들 중에 있으니 평범한 내가 천재 같아.

'천재'는 태어날 때부터 타고난 최상위급의 경지를 가진 사람이에요. 비슷한 말로 '영재'가 있는데, 엄밀히 말하면 이는 '우수한 능력으로 지식을 쉽고 빠르게 습득하는 사람 또는 재주'를 말해요. '둔재'는 보통 사람보다 깨침이 느린 사람이에요. 하지만 꾸준한 노력으로 둔함을 극복할 수 있어요.

### 모호하다 (형용사)
(법 模 + 풀 糊)

말이나 태도가 분명하지 않고 흐리터분하다.

→ 문장이 **모호하여** 뜻을 잘 알 수 없어.

### 확실하다 (형용사)
(굳을 確 + 열매 實)

틀림없이 그러하다.

→ 풀리지 않은 의혹들을 **확실하게** 밝혀 주십시오.

'모호하다'는 '애매모호하다'로 자주 쓰여요. '애매하다' 또한 '분명하지 못하다'는 뜻이 있어요. 반대말 '확실하다'는 '정확하다', '명백하다', '확연하다'와 비슷하게 쓰여요.

### 장수 (명사)
(길 長 + 목숨 壽)

오래도록 삶.

→ 증조할아버지, **장수** 비결이 뭐예요?

### 요절 (명사)
(일찍 죽을 夭 + 꺾을 折)

젊은 나이에 죽음.

→ 소파 방정환 선생은 33세의 젊은 나이에 **요절**을 하셨다.

'요절'은 보통 '평균 수명의 절반도 채 살지 못하고 죽은 것'으로, 나이로 따져 보면 20~30대에 해당해요. 그에 비해 '장수'는 '평균 수명 이상을 사는 것'으로, '장생'과도 뜻이 통해요. 예부터 사람들은 아프지 않고 오래오래 사는 '무병장수'를 기원했어요.

## 어맛! 말맛 살리는 **어휘 양념 퀴즈 ①**

### "난 절대 미각을 타고난 ㅅ,ㄷ 이야!"

**힌트 1** '재주와 슬기가 남달리 특출한 아이'를 말해요.

**힌트 2** 모차르트는 '음악의 ○○'으로 불렸어요.

---

## 어맛! 말맛 살리는 **어휘 양념 퀴즈 ②**

### "할아버지, ㅁ,ㅅ,ㅁ,ㄱ 하세요."

**힌트 1** '아무 탈 없이 오래 사는 것'을 말해요.

**힌트 2** 어른들의 건강과 장수를 기원할 때 이 말을 써요.

정답 ① 신동 ② 만수무강

# 인위적인 자연인

 이런 뜻이 있어요

 반대의 맛

### 형용사 광활하다
(넓을 廣 + 트일 闊)
막힌 데 없이 트이고 넓다.
→ **광활한** 들판을 보니 숨이 탁 트였다.

### 형용사 협소하다
(좁을 狹 + 작을 小)
공간이 좁고 작다.
→ 장소가 **협소해서** 답답하게 느껴진다.

'광활하다'는 '넓게 탁 트인 상태'를 말해요. 반대말인 '협소하다'는 공간이 좁은 것뿐만 아니라 '사물을 보는 안목이나 아량이 좁다'는 뜻도 있어요. "시야가 협소하군."처럼 쓰지요.

### 형용사 무성하다
(우거질 茂 + 성할 盛)
식물이나 털로 꽉 차서 빽빽하다.
→ 할머니네 텃밭에 풀이 **무성했다**.

### 형용사 듬성하다
촘촘하지 아니하고 드물고 성기다.
→ 우리 삼촌은 머리숱이 **듬성해서** 외출 때마다 신경을 많이 쓴다.

'무성하다'는 풀이나 나무가 잘 자라서 우거진 거예요. 또 '소문이 무성하다'처럼 '널리 퍼져 있는 상태'를 말하기도 해요. 반대말 '듬성하다'는 '촘촘하지 않은 상태'예요. '듬성듬성하다'도 많이 써요.

 이런 뜻이 있어요

### 인위적 (명사·관형사)
(사람 人 + 위할 爲 + 과녁 的)
자연의 힘이 아닌 사람의 힘으로 이루어지는, 또는 그러한 것.

→ 난 **인위적**인 환경이 싫어.

### 자연적 (명사·관형사)
(스스로 自 + 그럴 然 + 과녁 的)
사람의 손길이 가지 아니한 자연 그대로의 모습을 지닌, 또는 그러한 것.

→ **자연적**인 모습을 보니 감동이 일었다.

'인위적'은 사람의 힘으로 이룬 것으로, '인공적'이란 말과 비슷하게 쓰여요. '자연적'은 자연 그대로의 모습으로, '천연적'이란 말과 뜻이 통해요. 우리가 사는 세상은 자연적인 것과 인위적으로 만들어진 것들이 뒤섞여 있어요.

### 양달 (볕 陽-) (명사)
볕이 바로 드는 곳. 양지.

→ **양달**에 가면 따뜻해.

### 응달 (명사)
볕이 잘 들지 않고 그늘진 곳. 음지.

→ 나무가 있는 **응달**에 가면 시원해.

'양달'과 '양지'는 볕이 들어 따스한 곳이에요. '양지'는 '혜택받는 입장'을 비유적으로 나타내기도 해요. 반대로 '음지'는 혜택을 받지 못하는 처지를 가리켜요. "내 인생에 음지만 있으란 법은 없지."처럼 쓰이지요. 비슷한 말인 '응달'을 '음달'로 잘못 말하지 않도록 주의해요.

### 어맛! 말맛 살리는 **어휘 양념 퀴즈 ①**

" ㅅ ㄹ 자원을 아끼고 보호해야 해."

**힌트 1** '나무가 많이 우거진 숲이나 수풀'이에요.
**힌트 2** '산과 숲'을 뜻하는 '산림'과 헷갈리기도 해요.

### 어맛! 말맛 살리는 **어휘 양념 퀴즈 ②**

"볕 잘 드는 마루에서 ㅎ ㅂ ㄹ ㄱ 를 했다."

**힌트 1** '추울 때 양지바른 곳에 나와 햇볕을 쬐는 일'이에요.
**힌트 2** 하늘을 향해 피는 노랗고 커다란 꽃을 이렇게 불러요.

정답 ① 산림 ② 해바라기

### 과분하다 (형용사)
(지날 過 + 나눌 分)
분수에 넘치는 데가 있다.
→ 이 반지는 내게 너무 **과분한** 선물이야.

### 부족하다 (형용사)
(아닐 不 + 발 足)
필요한 수량보다 모자라거나 적다.
→ 시험 볼 때 시간이 너무 **부족했어**.

'과분하다'는 보통 자신의 능력이나 형편에 비추어 그 이상으로 과하고 넘칠 때 써요. 반대말 '부족하다'는 양이 넉넉하지 못한 상태로, '불충분하다'와 비슷해요. '결여되다'는 '마땅히 있어야 할 것이 빠져서 없거나 모자라다'의 뜻이에요.

### 부익부 (명사)
(부유할 富 + 더할 益 + 부유할 富)
부자일수록 더욱 부자가 됨.
→ 친구가 많은 사람에게 더 많은 친구가 생기더라. 한마디로 **부익부**지.

### 빈익빈 (명사)
(가난할 貧 + 더할 益 + 가난할 貧)
가난할수록 더욱 가난해짐.
→ 현대사회의 **빈익빈** 현상이 큰 문제가 되고 있다.

보통 '부익부 빈익빈'처럼 같이 쓰여요. 부자는 가지고 있는 돈을 굴려 더 큰 부자가 되지만, 가난한 사람은 밑천 자체가 없기 때문에 부자가 되기 힘들다는 뜻이에요. 이들의 차이를 '빈부 격차'라고 하는데, 정부에서는 이 격차가 극단적으로 되지 않도록 정책을 잘 펼쳐야 해요.

 **이런 뜻이 있어요**

**명사 선순환**
(착할 善 + 좇을 循 + 고리 環)
좋은 현상이 되풀이되고 순환이 좋음.

→ 소비가 잘되니, 생산도 잘되는 **선순환**이 일어났다.

**명사 악순환**
(악할 惡 + 좇을 循 + 고리 環)
순환이 좋지 않고 나쁜 현상이 되풀이됨.

→ 증오는 증오를 낳는 **악순환**을 반복할 뿐이야.

'하나의 과정이 다시 지나 처음 자리로 돌아옴을 되풀이하는 것'이 '순환'이에요. '선순환'은 긍정적 원인이 긍정적인 결과로, '악순환'은 그 반대로 일어나는 것이지요. 나쁜 일이 반복되지 않기 위해서는 잘못된 것을 빨리 고쳐야 해요.

**명사 풍요**
(풍년 豊 + 넉넉할 饒)
매우 많아서 넉넉함.

→ 어느 사회에서든 **풍요** 속의 빈곤이 있는 법이다.

**명사 빈곤**
(가난할 貧 + 괴로울 困)
가난하여 살기 어려움.

→ **빈곤**에 시달리는 사람들이 생각보다 많아.

'빈곤'은 가난하여 생활하기 어려운 상태뿐만 아니라 '필요한 것이 모자라거나 부족함'을 뜻하기도 해요. 예를 들어 작가가 좋은 소재가 생각나지 않을 때 '소재의 빈곤'이라는 표현을 해요. 반대말 '풍요'는 '넉넉하고 만족스러운 상태'로, '풍요롭다'라는 말을 많이 써요.

## 어맛! 말맛 살리는 **어휘 양념 퀴즈 ①**

"여러분, ㄱ ㅂ 운동에 동참해 주세요."

**힌트 1** '자선 사업이나 공공사업을 돕기 위해 돈, 물건 등을 대가 없이 내놓는 거'예요.

**힌트 2** 빌 게이츠는 '○○ 왕'으로 유명해요.

## 어맛! 말맛 살리는 **어휘 양념 퀴즈 ②**

"식수가 ㄱ ㄱ 되다니, 큰일이군."

식량 고갈이구나.

**힌트 1** '물이나 자원 등을 다 써서 없어지다'의 뜻이에요.

**힌트 2** '생각이나 느낌 등의 정서가 메말라 없어지다'를 뜻하기도 해요.

정답 ① 기부 ② 고갈(되다)

# 십자말풀이 ③

## 가로풀이

① (ㄱ) 떨어지는 물이 밑으로 흐르다가 길게 얼어붙은 얼음.
　(ㄴ) 처마 끝에 매달린 ○○○.
③ 경험이 없어서 일이 서투른 사람.
⑤ 이미 지나간 때. ○○-현재-미래.
⑥ 선천적으로 타고난, 보통 사람보다 훨씬 뛰어난 재주나 능력을 가진 사람.
⑧ 신분이나 지위 등이 낮고 천하다.
⑪ 낚시질할 때 물고기가 낚싯밥을 건드리는 일.
⑫ 특정 분야에서 기술이나 실력이 매우 뛰어난 사람. 바둑의 ○○.
⑭ 젊은 나이에 죽음.
⑯ 기온, 습도, 기압 따위가 하루 동안에 변화하는 차이. ○○○가 크다.

## 세로풀이

② 거만스러운 태도.
③ 아직 덜 익은 사과.
④ 이전의 인상이나 경험을 의식 속에 간직하거나 되살려 생각해 냄.
⑦ 즐거운 기분이나 느낌.
⑨ 뇌성과 번개를 동반하는 대기 중의 방전 현상. 우레의 다른 말.
⑩ 다리미질의 준말.
⑬ 월요일을 기준으로 한 주의 셋째 날.
⑮ 서로의 교제를 끊음.

## 자주적
명사·관형사
(스스로 自 + 주인 主 + 과녁 的)
남의 보호나 간섭을 받지 아니하고 자기 일을 스스로 처리하는, 또는 그러한 것.

→ 그 문제는 **자주적**으로 해결하자.

## 의존적
명사·관형사
(의지할 依 + 있을 存 + 과녁 的)
무엇에 기대는 성질이 있는, 또는 그러한 것.

→ 형은 남한테 **의존적**인 경향이 있다.

누가 시키는 대로만 하면 재미없어요. 스스로 나서서 일을 찾고 실행하면 더 재미있고 보람차요. '자주적'인 태도가 바로 그런 거예요. 비슷한 말로 '주체적'이 있어요. 자신에게 '의존적'인 모습이 있다면 지금부터라도 좀 더 스스로를 돌아보고 주체적인 태도를 가져 보아요.

## 이기적
명사·관형사
(이로울 利 + 몸 己 + 과녁 的)
자기 자신의 이익만을 꾀하거나 남의 이해는 돌아보지 않는, 또는 그러한 것.

→ 넌 패나 **이기적**인 사람이야.

## 이타적
명사·관형사
(이로울 利 + 다를 他 + 과녁 的)
자기의 이익보다는 다른 이의 이익을 더 꾀하는, 또는 그러한 것.

→ **이타적**인 사람이 배려를 잘한다.

'이기적'인 사람은 말과 행동에 있어서 자신을 먼저 생각해요. 그에 반해 '이타적'인 사람은 다른 사람을 먼저 생각하지요. 이기적인 사람이 무조건 나쁘고, 이타적인 사람이 무조건 좋다고는 볼 수 없어요. 그래도 다른 사람을 배려하는 쪽이 더 낫지 않을까요?

 이런 뜻이 있어요

**형용사**

## 오롯하다
남거나 모자람이 없이 온전하게 갖추어져 있다.

→ 나는 가족의 **오롯한** 사랑을 받고 자랐어.

**형용사**

## 결핍하다
(이지러질 缺 + 가난할 乏)
있어야 할 것이 없어지거나 모자라다.

→ 햇볕을 쬐지 못하면 비타민D가 **결핍하기** 쉽다.

좋은 책을 읽거나 영화를 보면 그 감동이 마음에 '오롯하게' 남아 있다는 얘기를 많이 해요. 마음속에 온전히 남아 있다는 뜻이에요. 이 말과 반대의 뜻을 지닌 '결핍하다'는 모자라다는 뜻 외에 '다 써 없어지다'란 뜻도 있어요.

**명사**

## 호감 (좋을 好 + 느낄 感)
좋게 여기는 느낌. **호감정**.

→ 형우는 내게 **호감**이 있어.

**명사**

## 악감 (악할 惡 + 느낄 感)
남에게 품는 나쁜 마음. **악감정**.

→ 내게 무슨 **악감**이 있어 괴롭히지?

대개 '호감'의 반대말로 한자 '아닐 비(非)'를 써서 '비호감'이라고 생각하는 경우가 많아요. 하지만 이 말은 '호감이 안 가다'의 뜻이에요. 반대말은 나쁘게 생각하는 마음인 '악감'이랍니다.

# 어맛! 말맛 살리는 **어휘 양념 퀴즈**

※ 아래 빈칸에 어울리는 말을 고르세요.

❶ "사랑의 반대말은 미움이 아니라 ☐☐☐ 이래."

**힌트 1** '관심이나 흥미가 없음'을 말해요.
**힌트 2** 비슷한 말로 '무심', '무감각'이 있어요.

① 무기력
② 무관심
③ 무관중

학생, 혹시 도를 아시나요?

❷ "☐☐☐가 이루어지지 않으면 친구 하기 힘들지."

**힌트 1** '서로 의견이나 느끼는 감정이 비슷하다고 생각하는 부분'이에요.
**힌트 2** '사회적 ◯◯◯를 이루다' 등으로 많이 쓰여요.

① 평균대    ② 지지대    ③ 공감대

# 새 휴대폰의 강점

### 동사 | 구매하다
(살 購 + 살 買)
물건 따위를 사들이다.
→ 이 가방은 홈쇼핑으로 **구매했어**.

### 동사 | 불매하다
(아닐 不 + 살 買)
상품 따위를 사지 아니하다.
→ 그 회사 물건은 앞으로 **불매할** 거야.

요즘은 인터넷이나 홈쇼핑을 통해서 물건을 구매하거나 반품하고, 특정 기업이나 나라의 제품을 불매하는 일들이 흔해졌어요. 소비자들이 자신의 권리를 당당하게 요구하는 행동이랍니다.

### 명사 | 계약
(맺을 契 + 맺을 約)
일정한 법률적 효과의 발생을 목적으로 두 사람 이상이 의사 표시의 합의를 이룸으로써 이루어지는 법률 행위.
→ 그건 **계약** 위반입니다.

### 명사 | 해지
(풀 解 + 그칠 止)
계약 당사자 한쪽의 의사 표시에 의하여 계약에 기초한 법률관계를 소멸함.
→ 어제 한 계약, **해지**를 하고 싶은데 어떻게 하면 되나요?

'계약'은 관련한 사람이나 단체에서 서로 지켜야 할 의무에 대해 글로 정하여 둔 규칙이나 약속을 말해요. 계약을 하고 나면 법률적으로도 효력이 발생하지요. '해지'는 계약된 사항이 무효로 되거나 소멸되게 하는 거예요.

 **이런 뜻이 있어요**

### 형용사 | 대담하다
(큰 大 + 쓸개 膽)
배짱이 두둑하고 용감하다.

→ 보미는 가끔 **대담하단** 말이야.

### 형용사 | 소심하다
(작을 小 + 마음 心)
담대하지 못하고 조심성이 지나치게 많다.

→ 우리 오빠는 **소심해서** 큰일이야.

'대담하다'의 '담'은 몸속 장기 중 쓸개를 말하는데, '겁이 없고 용감한 기운'을 뜻하기도 해요. 그 기운이 크니 얼마나 거침이 없겠어요? 이에 반해 '소심하다'는 '마음이 작을 정도로 겁이 많다'는 뜻이에요. 비슷한 말로 '소담하다', '좀스럽다'가 있어요.

### 명사 | 강점
(강할 强 + 점찍을 點)
남보다 우세하거나 더 뛰어난 점.

→ 너만의 **강점**을 살려서 심사 위원한테 보여 줘.

### 명사 | 약점
(약할 弱 + 점찍을 點)
모자라서 남에게 뒤떨어지거나 떳떳하지 못한 점.

→ 너 나한테 **약점** 잡혔어!

누구에게나 '강점'과 '약점'이 있어요. 강점은 '장점'과 통하고, 약점은 '단점'과 통해요. 남보다 뛰어난 점을 알되 뒤처지는 점은 극복하기 위해 노력한다면, 보다 발전적인 방향으로 나아갈 수 있을 거예요.

### 어맛! 말맛 살리는 **어휘 양념 퀴즈**

※ 아래 빈칸에 어울리는 말을 고르세요.

❶ "몰래 새 휴대폰을 사다니, 당장 ☐☐해요!"

**힌트 1** '일단 사들인 물품을 되돌려보내다'의 뜻이에요.
**힌트 2** 요즘은 이런 물건만 저렴하게 파는 매장도 있어요.

① 반품
② 반성
③ 반대

❷ "나한테 덤빈 ☐☐☐이 누구냐?"

**힌트 1** '웬만한 일에는 겁먹거나 주저하지 않는 대담한 성질. 또는 그런 성질을 가진 사람'이에요.
**힌트 2** 비슷한 말로 '돌심장', '철면피'가 있어요.

① 강된장   ② 강수량   ③ 강심장

| 명사 | 실직자 | = | 취업자 | 명사 |

**실직자**
(잃을 失 + 벼슬 職 + 사람 者)
직업을 잃은 사람.

→ 저는 오늘부터 **실직자**입니다.

**취업자**
(나아갈 就 + 업 業 + 사람 者)
취직한 사람.

→ 상반기에 **취업자**가 많이 늘었대.

'실업자'는 '직업이 없는 사람'으로, 이 안에는 직업을 가지고 있다가 잃은 '실직자'가 포함돼요. '구직자'는 '직업을 구하는 사람'이고, '재직자'는 '직장에서 근무하고 있는 사람', '취업자'는 '일자리를 구한 사람'이에요.

**불황**
(아닐 不 + 하물며 況)
경제 활동이 침체되는 상태.

→ 계속되는 경기 **불황**에 다들 어려워하고 있어.

**호황**
(좋을 好 + 하물며 況)
경기가 활발하고 좋음.

→ 제주도 관광업은 올해도 **호황**이래.

'불황'은 생산과 소비의 경제 활동이 가라앉은 상태로, '불경기'라고 해요. 반대로 '호황'은 경기 활동이 활발한 상태로, '호경기'라고 하지요. 불황에 실업률이 늘고, 호황에는 기업의 투자와 고용 수준이 높아져요.

 **이런 뜻이 있어요**

**동사**

## 개업하다
(열 開 + 업 業)
영업을 처음 시작하다.

→ 얼마 전에 새로 **개업한** 카페가 금세 문을 닫았다.

**동사**

## 폐업하다
(폐할 閉 + 업 業)
영업을 하지 아니하다.

→ 사장님은 오래된 가게를 **폐업하고** 여행을 떠났다.

'개업하다'는 상점이나 사업체가 '장사나 영업을 처음 시작하다'의 뜻이에요. 처음 시작할 때 축하하기 위해 '개업식'을 열어요. 장사가 잘 안 되어 문을 닫게 되면 '폐업하다'라고 해요. 폐업식을 하는 경우는 거의 없겠죠?

**동사**

## 흥하다 (일어날 興)
번성하여 잘되어 가다.

→ 나라가 **흥하니**, 사는 게 아주 즐겁고 좋구나!

**동사**

## 망하다 (망할 亡)
개인, 가정, 단체 따위가 제 구실을 하지 못하고 끝장나다.

→ 아버지의 사업 실패로 집안이 폴딱 **망했다**.

'흥'은 '재미나 즐거움을 일어나게 하는 감정'이에요. 따라서 '흥하다'는 그만큼 일이 잘되고 번창하는 거예요. 반대말 '망하다'는 일이 잘 안 되어 끝난 거예요. 때로는 못마땅한 사람에게 '저주의 뜻으로' 쓰기도 해요. "망할 녀석!" 이렇게요.

개업 축하드려요. 대박나세요!

# 어맛! 말맛 살리는 **어휘 양념 퀴즈**

※ 아래 빈칸에 어울리는 말을 고르세요.

### ❶ "태풍으로 인해 학교 ☐☐이 계속되고 있어."

**힌트 1** '사업이나 영업, 학업 등을 일시적으로 하루 또는 며칠 중단하고 쉬는 것'을 말해요.

**힌트 2** '금일 ○○', '개점 ○○'이란 말로 써요.

① 휴식   ② 휴직   ③ 휴업

### ❷ "난 졸업하기 전에 ☐☐을 할 거야."

**힌트 1** '일정한 직업을 잡아 직장에 나가는 것'이에요.

**힌트 2** '취업'과 비슷한 말이에요.

① 취식   ② 취향   ③ 취직

**명사 수요**
(구할 需 + 중요할 要)
어떤 재화를 일정한 가격으로 사려고 하는 욕구. 또는 이를 충족시키는 재화의 양.

→ 비대면 시대로 인해 배달 **수요**가 폭발적으로 늘어났다.

**명사 공급**
(이바지할 供 + 줄 給)
교환 또는 판매를 목적으로 시장에 상품을 내놓음. 또는 그 내놓은 재화의 양.

→ 아무리 **공급**이 넘치더라도 가격을 함부로 내리면 안 돼요.

'공급'은 요구나 필요에 따라 물건이나 돈 등을 제공하는 거예요. 경제 용어로는 '물건을 일정한 가격으로 사려고 하는 수요에 맞춰 필요한 물건을 시장에 내놓는 것'을 말해요. 수요와 공급이 원활하게 이루어져야 경제가 잘 돌아가요.

**명사 소등**
(꺼질 消 + 등잔 燈)
등불을 끔.

→ 취침 시간입니다. **소등**을 하겠습니다!

**명사 점등**
(점찍을 點 + 등잔 燈)
등에 불을 켬.

→ 부처님 오신 날에 **점등** 행사가 있다.

매년 4월 22일 '지구의 날'에는 지구 환경을 보호하고 저탄소 생활을 실천하자는 뜻으로, 밤 8시부터 10분간 소등 행사를 해요. 잠시 집 안의 불을 끄고 가족과 함께 지구 환경에 대해 생각해 보는 시간을 가지는 건 어떨까요?

 이런 뜻이 있어요

**보태다** (동사)
모자라는 것을 더하여 채우다.

→ 우리가 조금이라도 힘을 **보태** 주면 정책을 집행하기가 수월할 거야.

**축내다** (오그라들 縮-) (동사)
일정한 수나 양에서 모자람이 생기게 하다.

→ 언제까지 집에서 밥만 **축내고** 있을래?

'보태다'는 모자란 걸 더해 채울 뿐만 아니라 '더하여 많아지게 하다'의 뜻이에요. '가하다', '추가하다'와 비슷해요. '축내다'는 '모자람이 생기게 하다'는 뜻과 더불어 '몸이나 얼굴이 약해지게 하거나 마르게 하다'의 뜻도 있어요.

거름 좀 보태야겠다.

형우네 반찬 가게

**고요하다** (형용사)
조용하고 잠잠하다.

→ 아무도 없는지 집 안이 **고요하다**.

**요란하다** (형용사)
(흔들릴 搖 + 어지러울 亂)
시끄럽고 떠들썩하다.

→ 밖에서 비가 **요란하게** 내렸다.

'고요하다'는 조용하다는 뜻 말고도 '움직임 없이 잔잔하다', '마음이 평화롭다'의 뜻이 있어요. 이에 반해 '요란하다'는 시끄러운 데다 정도가 지나쳐서 '어수선한 상태'를 표현할 때도 써요.

어맛! 말맛 살리는 **어휘 양념 퀴즈**

※아래 빈칸에 어울리는 말을 고르세요.

❶ "너도 환경 보호 운동에 ☐☐ 할래?"

힌트 1  '어떤 모임이나 일에 같이 참가하다'의 뜻이에요.
힌트 2  '모금 운동에 ○○하다' 등으로 쓰여요.

① 동참
② 동창
③ 동행

제 개인 컵에 담아 주세요. 저탄소 생활 중이거든요.

❷ "저탄소 생활 실천으로 환경을 ☐☐ 하자."

힌트 1  '온전하게 보호하여 유지하다'를 뜻해요.
힌트 2  국민의 기본 의무 중 '환경 ○○의 의무'가 있어요.

① 보장
② 보관
③ 보전

107

 이런 **뜻**이 있어요

 반대의 맛

**명사**

## 귀성
(돌아올 歸 + 살필 省)
부모를 뵙기 위해 타향에서 고향으로 돌아가거나 돌아옴.

➡ 고속 도로 양방향이 **귀성** 차량들로 꽉 막혔다.

**명사**

## 귀가
(돌아올 歸 + 집 家)
집으로 돌아가거나 돌아옴.

➡ 어물쩍하면 차가 막힐 것 같아서 **귀가**를 서둘렀다.

흔히 '귀성'의 반대말을 '귀경(歸京)'이라고 생각해요. 이 말은 '서울로 돌아옴'이라는 뜻으로, 서울이 아닌 객지의 일터나 집으로 돌아오는 경우에는 맞지 않아요. 그래서 '집으로 돌아옴'을 뜻하는 '귀가'를 귀성의 반대로 생각하는 게 더 자연스러워요.

**명사**

## 상행선
(위 上 + 다닐 行 + 선 線)
지방에서 서울로 올라가는 도로나 선로.

➡ 경부 고속 도로 **상행선**에서 사고가 났다.

**명사**

## 하행선
(아래 下 + 다닐 行 + 선 線)
중앙에서 지방으로 내려가는 도로나 선로.

➡ 추석을 앞두고 **하행선** 열차표가 매진 되었다.

수도 서울을 기준으로 지방으로 내려가면 '하행선', 다시 서울로 올라오면 '상행선'이라고 불러요. 고속 도로를 가다가 들르게 되는 휴게소도 가는 방향에 따라 '상·하행선'으로 나뉘어 있어요.

 이런 뜻이 있어요

### 개방하다 [동사]
(열 開 + 놓을 放)
문이나 어떠한 공간 따위를 열어 자유롭게 드나들고 이용하게 하다.
→ 방학 동안 학교 도서관을 **개방할** 예정이다.

### 폐쇄하다 [동사]
(닫을 閉 + 쇠사슬 鎖)
문이나 통로를 닫거나 막아 외부와 통행하거나 연락하지 못하게 하다.
→ 휴게실 화장실을 **폐쇄해서** 모두 큰 불편을 겪었다.

'개방하다'는 자유롭게 드나들고 이용하게 하다는 뜻과 더불어 '금하거나 경계하던 것을 풀고 교류하다'라는 뜻도 있어요. 반대말 '폐쇄하다'는 '기관이나 시설을 없애다', '외부와의 교류를 막다'라는 뜻이 있어요.

### 애타다 [동사]
너무 근심스럽거나 안타까워서 속이 끓는 듯하다.
→ 왜 이렇게 **애타는지** 모르겠다.

### 안도하다 [동사]
(편안할 安 + 담장 堵)
이전까지의 불안이 가셔 마음이 놓이다.
→ 다행이야. 이제야 **안도할** 수 있겠어.

'애'는 '초조한 마음속'이나 '몹시 수고로움'을 뜻해요. 그런 마음이 뜨겁게 탈 정도니까 얼마나 답답하고 걱정이 되겠어요. 비슷한 말로는 '애끓다', '노심초사하다' 등이 있어요. 반대말인 '안도하다'는 '안심하다', '평안하다'와 비슷하게 쓰여요.

## 어맛! 말맛 살리는 어휘 양념 퀴즈

※ 아래 빈칸에 어울리는 말을 고르세요.

❶ "이쪽이 더 빨리 가는 ☐☐☐ 이야."

힌트 1  '멀리 돌지 않고 가깝게 질러 통하는 길'이에요.
힌트 2  '가장 쉽고 빠른 방법'을 비유적으로 말하기도 해요.

① 지구본　　② 지름길　　③ 지하철

❷ "너무 걱정하지 마. 그건 ☐☐ 에 불과해."

힌트 1  '앞일에 대해 쓸데없는 걱정을 하는 것'을 말해요.
힌트 2  옛날 중국 '기나라'에 살던 사람이 "만일 하늘이 무너지면 어쩌지?"라고 걱정한 데서 유래해요.
힌트 3  비슷한 말로 '군걱정'이 있어요.

① 기우　　② 기차　　③ 기대

 이런 **뜻**이 있어요

**명사**

## 걸작
(뛰어날 傑 + 지을 作)

문학, 음악, 미술의 창작물 중 매우 뛰어나게 잘된 작품.

→ 내 그림은 언젠가 **걸작** 중의 **걸작**이 될 거야.

**명사**

## 졸작
(옹졸할 拙 + 지을 作)

솜씨가 서투르고 보잘것없는 작품.

→ 그런 그림은 명작이 아니라 **졸작**이라고 하는 거야.

'걸작'은 훌륭한 작품을 말해요. 비슷한 말로 '명작', '거작', '달작'이 있어요. 그리고 '유별나거나 엉뚱하여 재치가 있는 말이나 행동, 그런 사람'에게 '걸작'이라고 하기도 해요. "너 참 걸작이다."처럼요. '졸작'은 솜씨 없는 작품이지만, '자신의 작품을 겸손하게 말할 때'도 써요.

**명사**

## 호평
(좋을 好 + 평할 評)

좋게 평함. 또는 그러한 평.

→ 영화가 개봉되자마자 대중에게 **호평**을 받았다.

**명사**

## 악평
(악할 惡 + 평할 評)

나쁘게 평함. 또는 그러한 평.

→ 평론가들의 **악평**에 실망을 금하지 못했다.

한자 '좋을 호(好)'가 들어가면 긍정적인 표현이 돼요. 평가를 좋게 하는 '호평'이 그렇지요. 모든 사람들이 '다 같이 인정하는 평판'으로는 '정평'이 있어요. 한편, '악평'과 비슷한 말에는 '냉혹하고 가혹한 평가'란 뜻의 '혹평'이 있어요.

 이런 뜻이 있어요

**명사 독차지** (홀로 獨-)
혼자서 모두 차지함. 독점.

→ 그 많은 재산이 막내의 **독차지**가 되었다.

**명사 공유**
(한가지 共 + 있을 有)
두 사람 이상이 한 물건을 공동으로 가짐.

→ 누군가와의 취향 **공유**는 쉬운 일이 아니다.

'독차지'는 '독점'이나 '혼자만 소유함'을 뜻하는 '전유'와 통해요. 비슷한 말 '통차지'는 '통째로 다 차지함'을 말해요. 반면 '공유'는 함께 소유권을 가지는 것뿐만 아니라, '여럿이 누리어 가지는 것'도 포함해요. '즐거움 공유'처럼요.

**동사 어긋나다**
물건이나 생각 등이 틀어져 맞지 않거나 서로 벗어나다.

→ 골절로 뼈가 **어긋나** 있었다.

**동사 들어맞다**
정확히 맞다.

→ 상반기 시장 경기가 좋아질 거라는 내 예상이 딱 **들어맞았다**.

'어긋나다'는 물건이 맞지 않는 것뿐만 아니라 '어떤 기대나 기준에 벗어나다', '마음에 틈이 생기거나 비껴가 만나지 못하다'는 뜻도 있어요. 이에 반해 '들어맞다'는 '부합하다', '적중하다', '일치하다'와 뜻이 통해요.

### 어맛! 말맛 살리는 **어휘 양념 퀴즈**

※ 아래 빈칸에 어울리는 말을 고르세요.

❶ "이번 영화는 저의 ☐☐☐ 입니다."

**힌트 1** '새로운 시도를 대담하게 표현하여 큰 성과를 기대하는 작품'이에요.

**힌트 2** 뭔가 이루겠다고 마음속에 품고 있는 소망(야심)과 한자 '지을 작(作)'이 합쳐진 말이에요.

① 실험작
② 실패작
③ 야심작

흠, 감독님은 계획이 있으셨구나.

❷ "내 친구는 뭐 하나 못하는 게 없는 ☐☐☐☐ 이야."

**힌트 1** '여러 방면에 능통한 재주를 가진 사람'을 말해요.
**힌트 2** '어느 모로 보나 아름다운 사람'을 가리키기도 해요.

① 팔도강산    ② 팔방미인    ③ 사통팔달

정답 ❶ ③ ❷ ②

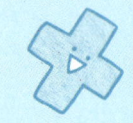

## 가로 풀이

① 차례로 이어 나가는 자리나 지위에서 그 첫 번째에 해당되는 차례. ○○ 대통령.
② 혼자서 모두 차지함.
④ 남보다 우세하거나 뛰어난 장점.
⑦ 몸길이 110~120cm 정도인 뱀과의 하나로, 음흉하고 능청스러운 사람을 비유적으로 이르는 말.
⑧ 전등을 끔.
⑩ 주기적인 수축에 의하여 혈액을 몸 전체로 보내는, 순환 계통의 중심적인 신체 기관.
⑪ 사물이나 현상, 이론, 시설 따위를 이루는 바탕.
⑫ 다락처럼 높은 곳에 만들어 꾸민 방.
⑭ 두 사람 이상이 한 물건을 공동으로 가짐.
⑮ 좋게 여기는 느낌.
⑯ 벼슬이나 문벌이 높은 집안의 사람, 또는 문무 양반을 가리켜 이르는 말.

## 세로 풀이

❶ 파랑과 노랑의 중간색. 녹색.
❷ 성악에서, 혼자서 노래를 부름. 또는 그 노래.
❸ 말이 끄는 수레.
❺ 점치는 일을 직업으로 하는 사람.
❻ 지구를 본떠 만든 모형.
❽ 담대하지 못하고 조심성이 지나치게 많다.
❾ 무대나 연단 따위에 나옴.
⓫ 앞일에 대해 쓸데없는 걱정을 하는 것.
⓭ 문이나 어떠한 공간 따위를 열어 자유롭게 드나들고 이용하게 함.
⓮ 서로 의견이나 느끼는 감정이 비슷하다고 생각하는 부분.
⓯ 호화롭게 사치함. ○○를 누리다.

# 큭큭! 어휘 수수께끼

❶ 허리에 차지도, 물건을 넣지도 못하는 주머니는?


❷ 처음에는 보름달, 자르면 반달, 나중에는 그믐달이 되는 것은?


❸ 먹고살기 위해 하는 내기는?


❹ 동화는 동화인데 읽지 못하는 동화는?


❺ 세상 사람들이 가장 좋아하는 영화는?


❻ 사람들이 가장 싫어하는 거리는?

❼ 온통 문제투성이인 것은?

❽ 앞으로 가면 지고 뒤로 가야 이기는 것은?

❾ 자기가 말하고도 모르는 것은?

# 3장

## 헷갈리는 맛

### 동사 | 가리키다
손가락 등으로 어떤 방향이나 대상을 집어서 보이거나 알리다.

→ 내 손가락이 **가리키는** 곳에 보물이 있을 것이다.

### 동사 | 가르치다
다른 사람에게 지식이나 기술 등을 익히게 하다.

→ 형은 나에게 인생의 쓴맛을 **가르쳐** 주었다.

두 낱말은 뜻이 다른데도 착각하고 쓰는 일이 많아요. '가리키다'는 손가락으로 뭔가를 집어서 알리는 것이고, '가르치다'는 선생님처럼 '상대에게 지식을 익히게 하는 것'이에요. 두 말을 섞어서 '가르키다'라고 하는데, 이 말은 잘못된 표현이에요.

### 동사 | 띄다
눈에 들어오거나 충분히 알 만하게 두드러져 보이다.

→ 너 오늘 내 눈에 **띄기만** 해. 진짜 가만 안 둬!

### 동사 | 띠다
빛깔이나 색채, 감정 등 어떤 성질을 가지다.

→ 붉은빛을 **띤** 장미를 받으니, 얼굴에 미소를 **띠는구나**.

'띄다'는 '뜨이다'의 준말이에요. 눈에 탁 들어오거나 잘 들리게 되어 귀가 솔깃해졌을 때 써요. 이와 달리 '띠다'는 '허리에 띠를 두르다'라는 기본 뜻과 더불어 '어떤 성질이나 임무를 지니고 있다'란 뜻이 있어요.

123

## 이런 뜻이 있어요

### 동사 맞추다
1. 대상끼리 서로 비교하다.
2. 서로 어긋남 없이 들어맞게 하다.

→ 시험이 끝나자마자 짝꿍과 답을 **맞추어** 보았다.
→ 합창 대회 때 옷을 **맞춰** 입고, 화음을 **맞추었다**.

### 동사 맞히다
1. 문제에 대한 답을 틀리지 않게 하다.
2. 쏘거나 던진 물체가 어떤 물체에 가 닿게 하다.

→ 퀴즈 문제가 나오자마자 정답을 바로 **맞혔다**.
→ 그가 쏜 화살이 과녁을 **맞힐** 수 있을까?

'맞추다'는 딱 들어맞게 하는 거예요. 그래서 줄을 맞추고, 퍼즐 조각을 맞추고, 마음을 맞추지요. '맞히다'는 '맞게 하다' 즉, '적중하다'의 뜻이에요. 화살을 쏘아 맞히고, 퀴즈 정답을 맞히는 것이지요.

### 동사 거스르다
일이 돌아가는 상황에 따르지 않고 반대되는 태도를 취하다.

→ 내 뜻을 **거스르고** 함부로 행동하다니, 용서 못 해!

### 동사 거슬리다
순순히 받아들여지지 않고 언짢은 느낌이 들며 마음이 상하다.

→ 밥을 쩝쩝거리며 먹는 소리가 귀에 몹시 **거슬렸다**.

'거스르다'는 흐름과 어긋나거나 반대 행동을 취하는 거예요. 시간을 거슬러 올라가거나 부모님의 뜻을 거스르는 것처럼요. '거슬리다'는 불쾌한 감정이 드는 거예요. 기분이 나쁘니 상대의 말이나 행동이 거슬리고, 아니꼬운 생각이 들지요.

## 어맛! 말맛 살리는 **어휘 양념 퀴즈 ①**

"마음을 깨끗이 ☐☐,
몸을 바르게 하라."

햇갈리는 맛

자나 깨나 학문을 닦아 학생으로서의 본분을 지켜야 하느니라 니라, 니라….

예절

**힌트 1** '품행이나 도덕을 바르게 다스려 기르다'의 뜻이에요.

**힌트 2** '때나 물기를 문질러 없애는 것'으로, '이를 ○○', '눈물을 ○○'라고 해요.

## 어맛! 말맛 살리는 **어휘 양념 퀴즈 ②**

"제발 ☐☐만 하지 말고
내가 잘 끝낼 때까지 기다려 줘."

**힌트 1** '마구 몰아 대어 윽박지르는 것'을 말해요.

**힌트 2** '닥달(X)'이라고 쓰면 틀려요.

## 이런 뜻이 있어요

**동사 들르다**
지나는 길에 잠시 들어가 머무르다.

→ 집에 가는 길에 분식집에 **들러서** 떡볶이 먹을래?

**동사 들리다**
귀로 소리를 알아차리거나 소문이 퍼져 알게 되다.

→ 멀리 바다에서 파도 소리가 **들려**.

'놀이터에 들르다', '마트에 잠깐 들렀다 가다'처럼 지나는 길에 잠시 들어가 보는 걸 '들르다'라고 해요. '들리다'는 소리나 소문이 귀에 들어와 알아차려지는 거예요. "우리 집에 들리자."라고 하면 안 되겠지요?

**동사 담그다**
1. 손이나 발을 액체 속에 넣다.
2. 김치나 술, 젓갈 등을 만들다.

→ 계곡물에 발을 **담그니** 시원하다.
→ 할머니가 **담가** 주신 김치가 맛있어.

**동사 담다**
물건을 그릇에 넣거나, 어떤 내용을 말, 글, 표정 따위에 포함하다.

→ 병에는 꿀을 **담고**, 선물에는 정성을 **담지**.

김치를 담그면 김치통에 담아 보관해요. 두 낱말 모두 당하는 말이 '담기다'예요. '맛있게 담긴 김치', '통에 담긴 김치' 이렇게 쓰지요. 간혹 '김치를 담구다'나 '맛있게 담궈지다'라고 쓰는 일이 있는데, 이는 잘못된 표현이에요.

## 이런 뜻이 있어요

**베다** (동사)
날 있는 연장으로 식물을 자르거나, 날에 스치어 상처를 내다.
→ 나무꾼이 나무를 **베다가** 도끼를 놓쳐 물에 빠뜨렸다.

**배다** (동사)
1. 땀, 물, 냄새, 생각 따위가 스며들거나 오래도록 남다.
2. 배 속에 아이나 새끼를 가지다.
→ 옷에 땀이 **배어서** 찜찜해.
→ 우리 집 강아지가 새끼를 **뱄어**.

'베다'의 당하는 말은 '베이다'예요. 그래서 종이에 손이 '베였다'로 쓰지, '베어졌다'로 쓰지 않아요. '배다'는 '냄새 따위가 스며들거나, 배 속에 아이를 가지다'란 뜻이 있어요. 과거를 말할 때는 '뱄다'로 쓰지, '배였다'로 쓰지 않아요.

**절다** (동사)
1. 푸성귀나 생선 따위를 소금에 담가 간이 배어들다.
2. 땀이나 기름이 묻거나 끼어 찌들다.
→ 생선은 소금에 **절여서** 보관하지.
→ 프라이팬에 기름이 **절어서** 지저분했다.

**저리다** (형용사)
근육이 오래 눌려 피가 잘 통하지 않아 찌릿하거나, 마음이 슬픔 따위로 아린 듯 아프다.
→ 손발이 **저리니까** 몹시 속상하고, 마음 마저 **저리는** 것 같다.

'절다'의 시키는 말이 '절이다'예요. 그래서 배추를 소금에 절여요. '저리다'는 피가 잘 통하지 않아 찌릿찌릿한 상태예요. 그 찌릿함을 넘어 '뼈마디가 아프거나, 마음이 아플 때도 이 낱말을 써요.

어맛! 말맛 살리는 **어휘 양념 퀴즈** ①

"내가 ☐☐☐ 먹어도 비굴하지는 않아."

힌트 1 '남의 물건을 거저 달라고 사정하여 얻다'란 뜻이에요.
힌트 2 '구걸하다'란 말과 비슷해요.

어맛! 말맛 살리는 **어휘 양념 퀴즈** ②

"이 자리를 ☐☐ 감사의 말씀을 드립니다."

힌트 1 '남의 물건이나 돈 등을 갚기로 하고 얼마간 쓰다'의 뜻이에요.
힌트 2 어떤 일을 하기 위해 '기회를 이용할 때'도 이 말을 써요.

# 서로 부친 연애편지

 이런 뜻이 있어요

**동사 부치다**
편지나 소포, 택배 등을 우편이나 운송 수단을 통해 보내다.
→ 엄마가 밑반찬을 소포로 **부쳐** 주셨다.

**동사 붙이다**
물건을 맞닿게 하여 떨어지지 않게 만들다.
→ 스티커 **붙이는** 거 너무 재밌지 않니?

요즘은 이메일이나 휴대폰이 있어서 편지를 잘 안 써요. 예전에는 누군가에게 안부를 물을 때 편지나 엽서를 썼어요. 편지나 소포 같은 걸 보낼 때 '부치다'라고 해요. 이때, 편지봉투 위에 우편 요금을 냈다는 증표로 우표나 스티커 라벨을 '붙여요'.

**동사 뒤지다**
1. 무엇을 찾으려고 샅샅이 들추어내다.
2. 걸음이나 능력, 수준이 다른 사람보다 떨어지다.

→ 누군가 가방을 **뒤진** 흔적이 있다.
→ 남보다 **뒤지지** 않을 자신이 있습니다.

**동사 뒤집다**
1. 물건의 안과 겉, 위아래가 서로 바뀌게 하다.
2. 되어 가는 일을 돌려서 틀어지게 하다.

→ 너 혹시 옷을 **뒤집어** 입은 거 아니니?
→ 지금이라도 계획을 **뒤집는** 게 어때?

'뒤지다'는 뭔가 찾으려고 들추는 것과 뒤처지는 것, 두 가지 뜻으로 쓰여요. '뒤집다'는 부침개 뒤집을 때를 생각해 보면 돼요. 뭔가 '진행되는 상황을 바꾸는 것'을 말해요. 그래서 '학설을 뒤집다', '학교를 발칵 뒤집다' 등에 써요.

 이런 뜻이 있어요

**동사 꾀다**
1. 그럴듯한 말과 행동으로 남을 속이거나 부추겨 자기 생각대로 끌다.
2. 벌레 따위가 한곳에 모여들어 들끓다.

→ 동이는 형우를 **꾀어** 학원 수업을 빼먹고 떡볶이를 먹으러 갔다.
→ 음식에 파리가 **꾀어서** 버렸다.

**동사 괴다**
1. 기울어지거나 쓰러지지 않도록 아래를 받쳐 고정하다.
2. 물이나 액체가 우묵한 곳에 모이다.

→ 기울어진 책장 밑에 책을 **괴어** 똑바로 세웠다.
→ 움푹 파인 땅에 물이 **괴어** 있었다.

'꾀다'는 그럴듯한 말로 상대의 마음을 얻어내는 것으로 '꼬이다'로 쓰기도 해요. 당하는 말인 '꾀이다'와 착각해 쓰지 않도록 해요. '괴다'는 '물이 괴다', '턱을 괴다' 등으로 써요. 이 또한 당하는 말인 '괴이다'와 분별해서 써야 해요.

**동사 낳다**
1. 배 속 아이, 새끼를 몸 밖으로 내놓다.
2. 어떤 결과를 이루거나 가져오다.

→ 이모가 아기를 **낳았어**.
→ 열심히 노력해서 좋은 결과를 **낳았다**.

**형용사·동사 낫다**
1. 보다 더 좋거나 앞서 있다.
2. 병이나 상처 따위가 고쳐지다.

→ 국어보다 수학 성적이 더 **낫다**.
→ 감기가 **나으니**, 입맛이 돌아왔다.

생활 속에서 헷갈려 쓰는 말 가운데 하나예요. '낳다'는 '아이를 낳다', '비극을 낳다'처럼 뭔가 나타나도록 하는 말이에요. 이와 달리 '낫다'는 '병이 고쳐지거나, 다른 것과 비교해 더 좋은 상태'일 때 써요. '인물이 더 낫다', '병이 싹 나았다'처럼요.

### 어맛! 말맛 살리는 **어휘 양념 퀴즈 ①**

"**3일 사귄 여자 친구와**

☐☐☐☐."

- **힌트 1** '사귐이나 맺은 정을 끊고 갈라서다'의 뜻이에요.
- **힌트 2** '이별하다'의 뜻으로 많이 써요.

### 어맛! 말맛 살리는 **어휘 양념 퀴즈 ②**

"**신발이** ☐☐☐☐

**새로 사야겠다.**"

- **힌트 1** '닳아서 떨어지다'라는 뜻이에요.
- **힌트 2** 줄임말은 '해지다'예요.

## 이런 뜻이 있어요

### 동사 — 벼르다

어떤 일을 이루려고 미리부터 마음을 단단히 먹고 기회를 엿보다.

→ 남자는 집에서 독립하려고 몇 년 전부터 **벼르고 별러** 왔다.

### 동사 — 벼리다

1. 무뎌진 연장의 날을 날카롭게 만들다.
2. 마음이나 정신을 강하게 단련하다.

→ 대장장이는 대장간에서 연장을 **벼리는** 사람이다.
→ 경기에서 꼭 이기겠다는 투지를 **벼리고** 왔다.

'벼르다'는 일을 성사시키려고 마음속으로 단단히 준비하고 기회를 엿보는 거예요. 이를 '별르다'로 쓰지 않도록 해요. 이와는 달리 '벼리다'는 연장을 날카롭게 만드는 것뿐만 아니라, 의지를 가다듬거나 강하게 하는 거예요. '벼려, 벼리는, 벼려서, 벼리고'로 써요.

### 동사 — 비추다

1. 빛을 받게 하거나 빛이 통하게 하다.
2. 어떤 것과 관련해 견주어 보다.

→ 어둠 속에서 전등을 **비추며** 앞으로 걸어 나갔다.
→ 내 경험에 **비추어** 볼 때, 네 요리는 성공하기 어려워.

### 동사 — 비치다

1. 빛이 나서 환하게 되거나, 그림자나 영상이 나타나 보이다.
2. 얼굴이나 눈치를 잠시 나타내다.

→ 달빛이 은은하게 **비치는** 어느 가을밤이었다.
→ 모임에 잠깐 얼굴만 **비치고** 가.

'비추다'는 빛을 보내 밝게 하는 거예요. 조명을 비추면 밝게 만들 수 있지요. '비치다'는 환하게 되어 눈에 보이거나 드러나 보이는 걸 말해요. '비치다'를 '비쳐지다'로 쓰지 않도록 해요.

## 이런 뜻이 있어요

**동사 | 잃어버리다**
가졌던 물건이 자신도 모르게 없어져 갖고 있지 않게 되다.

→ 길에서 돈도 **잃고** 친구도 **잃었어요**.

**동사 | 잊어버리다**
알았던 것을 기억해 내지 못하다.

→ 앗! 방학 숙제하는 걸 깜빡 **잊어버렸지** 뭐야.

'잃어버리다'는 가지고 있던 게 없어진 걸 말해요. '제 기능을 발휘하지 못하거나 사라지는 것' 모두 해당돼요. '잊어버리다'는 기억하지 못하는 거예요.

**동사 | 바라다**
1. 생각이나 바람대로 어떤 일이 이루어졌으면 좋겠다고 생각하다.
2. 원하는 것을 가졌으면 하고 생각하다.

→ 내 생일잔치에 꼭 오길 **바라**.
→ 돈을 **바라고** 그 일을 도운 건 결코 아니야.

**동사 | 바래다**
1. 가는 사람을 일정한 곳까지 배웅하거나 바라보다.
2. 볕이나 습기를 받아 색이 변하다.

→ 내가 **바래러** 갈 테니까 기다리고 있어.
→ 옷이 **바래서** 아무래도 새로 하나 사야겠다.

"난 네가 행복하길 바래."라고 쓰면 안 돼요. '바라'가 맞는 표현이에요. 무언가 기대하고, 요청할 때는 '바라다', 명사형은 '바람'이라고 써야 해요. '바래다'는 색깔이 변하거나 사람을 배웅할 때 써요.

### 어맛! 말맛 살리는 어휘 양념 퀴즈 ❶

"향긋한 봄나물이 입맛을 ☐☐☐ 주네."

- 힌트 1 · '입맛을 당기게 하다'의 뜻이에요.
- 힌트 2 · 감정이나 기색 따위가 생겨나게 하는 '돋다'의 시키는 말로, '화를 ○○○'라고 써요.

### 어맛! 말맛 살리는 어휘 양념 퀴즈 ❷

"안경 도수 ☐☐ 때가 되지 않았니?"

- 힌트 1 · '안경의 도수를 더 높게 하다'의 뜻이에요.
- 힌트 2 · '돋우다'와 뜻을 착각하여 쓰지 않도록 해요.

 이런 **뜻**이 있어요

## 붓다
1. 살가죽이나 어떤 기관이 부풀어 오르다.
2. 가루나 액체 따위를 다른 곳에 담다.

→ 라면을 먹고 잤더니 얼굴이 **붓다** 못해 터질 것 같아.
→ 그릇에 밀가루를 3컵 **붓고**, 물을 1컵 **부어요**.

## 붇다
1. 물에 젖어 부피가 커지거나 많아지다.
2. 살이 찌다.

→ 큰비로 개울물이 **붇더니** 다리가 떠내려갔다.
→ 요즘 밤에 자꾸 먹어서 몸이 많이 **불었다**.

'붓다'는 '얼굴이 부어서', '그릇에 우유를 붓다'처럼 써요. '붓고, 부으니, 부어서' 형태로 쓰지요. '붇다'는 부피가 커지고 양이 많아지는 거예요. '강물이 붇고', '체중이 불어서'처럼 '붇고, 불으니, 불어서' 형태로 써요.

## 우려내다
1. 물체를 액체에 담가 성분, 맛, 빛깔이 배어들게 하다.
2. 남을 꾀거나 위협해 돈 따위를 빼내다.

→ 할머니가 사골을 정성스럽게 **우려내** 주셨다.
→ 사기꾼은 약하고 힘없는 사람들 돈을 **우려냈다**.

## 우러나다
1. 액체에 잠긴 물질에서 빛깔이나 맛이 배어들다.
2. 생각, 감정, 성질 따위가 마음속에서 절로 생겨나다.

→ 레몬차가 맛있게 **우러났군**.
→ 선생님을 존경하는 마음이 진심으로 **우러났다**.

맛이 우러나게 만드는 것이 바로 '우려내다'예요. 그런데 '우려내다'에는 '다른 사람의 물건을 빼내다'는 뜻도 있어요. 반면, '우러나다'는 '마음이나 감정이 저절로 생기다'의 뜻이 있어요.

 이런 뜻이 있어요

### 데다 (동사)
뜨거운 물건에 닿아 살이 상하거나, 심한 괴로움을 겪어 진저리가 나다.
→ 불에 손을 **데었는데**, 아무도 위로해 주지 않아서 마음도 **데었다**.

### 데우다 (동사)
식었거나 찬 것을 덥게 하다.
→ 아기에게 먹일 우유를 미지근하게 **데워** 주세요.

'데다'는 뜨거운 기운에 살이 상한 거예요. 어떤 일에 괴로움을 겪었을 때는 '크게 데었다'처럼 쓰지요. 동사 자체가 이미 일을 당한 터라 '데이다', '데였다'로 쓰지 않아요. '데우다'는 찬 걸 덥게 하는 것으로, '덥히다'와 비슷해요.

### 욱여넣다 (동사)
밖에서 안으로 마구 밀어 넣다.
→ 사탕을 한 움큼 쥐어 주머니에 **욱여넣었다**.

### 우기다 (동사)
억지로 제 의견을 고집스럽게 내세우다.
→ 회의에 참석한 사람들이 서로 자기 말이 옳다고 **우겼다**.

'욱여넣다'는 '욱이다 + 넣다'가 합쳐진 말이에요. 따라서 '우겨넣다'로 쓰면 안 돼요. '우기다'는 '주장을 끝까지 우기다', '우겨 봐야 소용없다'처럼 써요.

### 어맛! 말맛 살리는 **어휘 양념 퀴즈 ❶**

"어깨에 ☐☐ 가방에 뭐 무거운 게 들었나 봐?"

- **힌트 1** '어깨에 걸치거나 짊어지다'란 뜻이 있어요.
- **힌트 2** 감정이 북받쳐 소리가 나지 않는 것을 '목이 ○○'라고 해요.

### 어맛! 말맛 살리는 **어휘 양념 퀴즈 ❷**

"신발 끈을 새로 ☐☐, 힘차게 뛰자!"

- **힌트 1** '끈이나 줄을 풀어지지 않게 매듭을 만들다'라는 뜻이에요.
- **힌트 2** 비슷한 말로 '묶다'가 있어요.

정답 ❶ 멘(메니까) ❷ 매고(메고서)

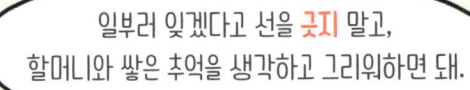

### 치르다
1. 무슨 일을 겪어 내다.
2. 주어야 할 돈을 내주다.

→ 며칠 전에 삼촌 결혼식을 **치렀다**.
→ 내일까지 학원비를 **치러야** 하는데.

### 치우다
1. 물건을 다른 데로 옮기다.
2. 청소하거나 정리하다.

→ 장난감은 안 보이는 데로 **치워라**.
→ 에휴, 방이나 **치우고** 살아라.

'치르다'를 '치루다'로 착각해서 '일을 치루고 나서'라고 잘못 쓰는 경우가 있어요. '치러, 치르고, 치르니'로 활용하니, 틀리지 않게 주의해요. '치우다'는 정리하는 걸 연상하면 돼요.

치울 거 없어요. 다 집에 가져가요!

나리와 벼리 친구들이 많아지겠어.

↑ 할머니가 남겨 주신 화분들

### 지나다
1. 시간이 흘러 시기에서 벗어나거나, 어떤 한도를 넘다.
2. 어디를 거쳐 오가다.

→ 시간이 **지나니** 기분도 다시 나아졌다.
→ 나 지금 너희 집 앞을 **지났어**.

### 지내다
1. 생활하거나 살아 나가다.
2. 서로 사귀어 오다.

→ 친구야, 잘 **지내고** 있지?
→ 이웃들과 잘 **지내면서** 마음 편히 살고 있다.

'지나다'는 시간이 흘러가는 것이고, '지내다'는 시간을 어떤 방법으로든 보내는 거예요. 또 '과거에 직책을 맡아 일하거나, 혼인과 제사 따위의 의식을 치르는 것'도 '지내다'를 써요.

**이런 뜻이 있어요**

**[동사] 여의다**
부모나 사랑하는 가족이 죽어서 이별하다.
→ 아빠는 할머니를 일찍 **여의었다**.

**[동사] 여위다**
살이 빠져서 파리하게 되다.
→ 오래 앓아서 몸이 홀쭉하게 **여위었다**.

'여의다'는 죽음, 이별과 관계있어요. '여이다'라고 쓰지 않도록 주의하세요. '여의어, 여의고, 여읜'으로 활용해요. '여위다'는 살이 빠지거나 빛이나 소리가 점점 잦아들 때 써요. '여위어, 여위는, 여윈'으로 활용해요.

**[동사] 긋다**
1. 일의 경계나 한계를 분명하게 짓다.
2. 비가 잠시 멎다.
→ 스스로 한계를 **긋지** 말고 여유를 가져.
→ 비가 **긋는** 것도 잠깐, 눈이 쏟아졌다.

**[동사] 그치다**
1. 계속되던 일이나 움직임이 멈추다.
2. 더 이상 진전 없는 상태에 머물다.
→ 우리 비 **그치면** 만나자.
→ 말로만 **그쳐서는** 성공할 수 없어.

'긋다'와 '그치다' 둘 다 '비가 멈추다'의 뜻이 있지만, 보통 '그치다'를 많이 써요. '긋다'는 '선을 그리거나 어떤 한계를 분명하게 지을 때' 자주 써요. '그어, 그으니, 긋는'으로 활용해요.

## 어맛! 말맛 살리는 어휘 양념 퀴즈 ❶

"포장지에 ⬜ 물건 뭐야?
나 주려고 산 거야?"

**힌트 1** '물건을 안에 넣고 보이지 않게 묶거나 빙 둘러 말다'의 뜻이에요.
**힌트 2** '둘러○○'처럼 쓰기도 해요.

## 어맛! 말맛 살리는 어휘 양념 퀴즈 ❷

"날 이기려면 실력을 더
⬜⬜ 오렴!"

동이야, 너무너무 멋져!

**힌트 1** '물건을 포개어 얹다'의 뜻이에요.
**힌트 2** '경험, 기술 따위를 익혀 많이 이루다'는 뜻도 있어요.

정답 ❶ 싸다(싸다) ❷ 쌓다(쌓다)

145

**명사**
### 계발 (열 啓 + 필 發)
슬기나 재능, 사상 따위를 깨우쳐 열어 줌.

→ 훌륭한 작가가 되려면 상상력 **계발**에 힘을 쏟아야 한다.

**명사**
### 개발 (열 開 + 필 發)
새로운 물건을 만들거나, 산업과 경제 따위를 발달하게 함.

→ 비대면 시대에 발맞추어 새로운 산업 프로그램 **개발**이 필요해.

'계발'과 '개발' 모두 지식이나 재능을 깨우치고 발달하게 한다는 뜻이에요. 자신의 능력을 키우는 것으로 '자기 개발', '자기 계발' 다 쓸 수 있어요. 하지만 '자원을 활용해 유용하게 만들거나 경제를 발전시키는 데'는 '개발'을 써요.

**동사**
### 결딴나다
1. 살림살이나 사업이 잘못되어 망하다.
2. 물건이 망가져 더 이상 쓸 수 없게 되다.

→ 사업 실패로 집안이 완전히 **결딴났다**.
→ 휴대폰을 떨어뜨려 **결딴났다**.

**동사**
### 결단하다
(결정할 決 + 끊을 斷)
결정적인 판단을 하거나 단정을 내리다.

→ 회사를 계속 다닐지 그만둘지 **결단해야** 할 때가 왔다.

'결딴'과 '결단'은 전혀 다른 뜻임에도 헷갈리는 일이 있어요. '결딴나다'는 물건이나 살림이 '못 쓰게 되거나 완전히 망했다'는 뜻이에요. '결단하다'는 어떤 결심을 하고 '결정을 내리는 것'이에요.

 이런 뜻이 있어요

### 늘리다 (동사)
1. 물체의 넓이, 부피를 커지게 하다.
2. 수량이 많아지게 하거나 무게를 더 나가게 하다.

→ 가게의 규모를 **늘리기로** 했다.
→ 이 배역을 위해 체중을 20kg **늘렸다**.

### 늘이다 (동사)
1. 본디보다 더 길어지게 하다.
2. 아래로 길게 처지게 하다.

→ 바지 길이를 더 **늘여야겠다**.
→ 창문 밑으로 줄을 **늘여서** 타고 내려왔다.

'늘리다'는 '본래보다 크거나 많다'의 뜻을 가진 '늘다'의 시키는 말이에요. 그래서 몸무게를 늘리고, 학생 수를 늘리고, 실력을 늘리지요. 반면, '늘이다'는 '본래 길이에서 길게 하다'예요. 헷갈려 쓰지 않도록 주의해요.

### 드러내다 (동사)
가려 있는 것을 보이게 하거나, 알려지지 않은 사실을 밝히다.

→ 흥! 이제야 본색을 **드러내는군**.

### 들어내다 (동사)
물건을 들어서 밖으로 옮기다.

→ 케이크에서 썩은 부분은 깔끔하게 **들어내고** 먹어.

'드러내다'는 '드러나다'의 시키는 말이에요. 안 보이던 것을 내보이고 밝히는 것을 말해요. '들어내다'는 꺼내어 옮기는 거예요. 또 "회사에서 사람을 들어냈다."처럼 '쫓아내다'의 뜻으로도 쓰여요.

148

### 어맛! 말맛 살리는 **어휘 양념 퀴즈 ❶**

"얼마나 밥을 많이 먹 ☐☐ ,
걸신이 들렸나 했네."

**힌트 1** 과거에 한 행동을 생각하거나 추측할 때 쓰는 말이에요.
**힌트 2** '-든지(×)'라고 쓰면 안 돼요.

### 어맛! 말맛 살리는 **어휘 양념 퀴즈 ❷**

"내가 그 일을 하 ☐☐
말 ☐☐ 상관 마."

네가 뭐라고 하던 난 요리사 할 거야.

맘대로 하셔. 근데 '하든' 이거든.

**힌트 1** '나열된 동작이나 상태 중에서 어느 것이든 선택될 수 있음'을 나타내요.
**힌트 2** '~든가'와 비슷한 말이에요.

정답 ❶ 던지 ❷ 든지

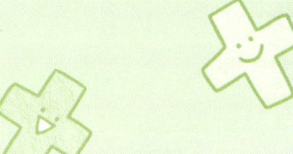

## 가로풀이

② 편지나 물건 따위를 우편이나 운송 수단을 통해 보내다.
③ 고치는 데 드는 비용.
⑤ 병이나 상처 따위를 잘 다스려 낫게 하기 위하여 쓰는 약.
⑧ 뜨거운 물건에 닿아 살이 상하거나, 괴로움을 겪어 진저리가 나다.
⑨ 물이나 액체가 우묵한 곳에 모이다.
⑪ 중국 삼국 시대에 관우가 탔었다는 준마의 이름.
⑫ 몸길이 2~4mm의 잘 튀어 오르는 작은 곤충. ○○의 간을 내먹는다.
⑬ 물체의 진동에 의해 생긴 음파가 귀청을 울리어 귀에 들리는 것.
⑭ 차를 달이거나 마실 때의 방식이나 예의범절.

## 세로풀이

① 어떤 사람이 편안하게 잘 지내고 있는지 그렇지 아니한지에 대한 소식.
③ 쓸데없이 말수가 많음. ○○를 떨다.
④ 빛이 나서 환하게 되거나, 그림자나 영상이 나타나 보이다.
⑥ 잘라 냄. ○○ 수술.
⑦ 물건을 다른 데로 옮기다.
⑧ 식었거나 찬 것을 덥게 하다.
⑨ 괴상하게 생긴 물체나 사람.
⑩ 가짓과의 한해살이풀로, 샐러드로 많이 먹는 열매. 방울 ○○○.
⑫ 무디어진 연장의 날을 날카롭게 만들다.
⑮ 이름이나 글자를 나무 따위에 새겨 표지나 증명을 나타내는 물건.

# 큭큭! 어휘 수수께끼

❶ '개가 사람을 가르친다'를 4글자로 하면?

❷ 걸어가면서 빈대떡 부치는 것은?

❸ 아무리 늘려도 체중이 늘지 않는 살은?

❹ 서로 진짜라고 우기는 신은?

❺ 해변에서 드러내 놓고 욕해도 아무도 뭐라 하지 않는 욕은?

❻ 위로 올라가면 만나고, 아래로 내려오면 헤어지는 것은?

❼ 바지 안에서 잃어버리고 찾지 못하는 것은?

❽ 비 그치면 나타나는 개는?

❾ '잘 잊어버리는 사람의 돈'을 5글자로 하면?

정답
① 개리지도
② 오동
③ 주름살
④ 동치미국
⑤ 해수욕
⑥ 지퍼
❼ 방귀
❽ 무지개
❾ 아까닌돈

4장

# 바른 맛

## 짜장면(○) vs 자장면(○) — 명사

고기와 채소를 중국 된장인 춘장에 볶아 국수와 비벼 먹는 중화요리.

→ 나 때는 말이야, 졸업식과 입학식에 **짜장면**을 먹곤 했어.
→ 먹고 싶은 음식 마음껏 골라. 난 **자장면**!

1980년대 국어학자들은 우리말에 된소리가 들어가는 게 언어를 어지럽힌다고 생각했어요. 그래서 가능한 한 된소리를 쓰지 않기로 하고, '짜장면' 말고 '자장면'을 썼지요. 하지만 많은 사람이 일상에서 입말로 자주 쓰는 '짜장면'도 자유롭게 쓰게 해 달라고 요구했고, 2011년에 국립국어원에서는 **우리말의 다양성을 살리고 국어 생활을 더 풍요롭게 하도록 '자장면'과 '짜장면' 둘 다 표준어**로 삼기로 했어요.

복수 표준어로 인정받고 있는 어휘에는 '개발괴발/개발새발', '허접쓰레기/허섭쓰레기', '맨날/만날', '삐지다/삐치다', '이쁘다/예쁘다' 등 여러 가지가 있어요.

## 곱빼기(○) vs 곱배기(✕) — 명사

음식에서 두 그릇 몫을 한 그릇에 담는 분량.

→ 우리 아빠는 짜장면 잡수실 때 항상 **곱빼기**로 시키셔.

**곱빼기는 갑절을 뜻하는 '곱'과 명사 뒤에 붙어서 '그런 특성이 있는 사람이나 물건'이라는 뜻을 더해 주는 '빼기'가 합쳐진 말**이에요. '―꾼, ―빼기'와 같이 된소리가 나는 접미사는 된소리로 표기해야 해요. '사랑꾼', '나무꾼'이나 동생이 생긴 뒤 샘내느라 밥을 많이 먹는 아이를 뜻하는 '밥빼기', 몹시 악착스러운 사람을 이르는 '악착빼기'가 그렇지요.

## 깨끗이(○) vs 깨끗히(✗)  [부사]

사물이 더럽지 않고, 가지런히 잘 정돈되게.

→ 넌 옷도 **깨끗이** 빨고, 방도 **깨끗이** 치워 놓는 성격이구나.

'깨끗이'와 '깨끗히'는 많이 헷갈려요. 'ㅡ이'와 'ㅡ히'의 소리가 비슷해서 그래요. 보통 'ㅡ하다'가 붙는 말은 부사로 만들 때 'ㅡ히'로 쓰면 돼요. '솔직하다→솔직히', '꼼꼼하다→꼼꼼히' 이렇게요. 그런데 이 중 'ㅅ' 받침으로 끝나는 말 앞에는 'ㅡ이'가 쓰인답니다. '깨끗하다→깨끗이', '번듯하다→번듯이', '나긋하다→나긋이' 이렇게 쓰지요.

## 폭발(○) vs 폭팔(✗)  [명사]

1. 불이 일어나며 갑작스럽게 터짐. (터질 爆 + 필 發)
2. 힘이나 열기 따위가 갑작스럽게 일어남. (나타낼 暴 + 필 發)

→ 오전 9시경, 뉴욕으로 향하던 여객기의 **폭발**이 있었다는 뉴스입니다.
→ 남성 아이돌 그룹 BBS가 전 세계적으로 인기 **폭발**입니다.

'폭발'은 '폭발시켜 부수다'의 '폭파(爆破)' 때문에 '폭팔'이라고 착각해요. 하지만 '화학적인 작용으로 갑작스럽게 터지거나 열기가 일어나다'의 뜻을 가진 말은 '폭발'이에요. **'폭팔'이라는 말은 없어요.**

그렇다면 '갯벌'과 '개펄'은 어떨까요? 이 두 말은 원래 뜻이 조금 달랐지만, '밀물 때 물에 잠기고, 썰물 때는 밖으로 드러나는 모래 점토질의 평탄한 땅'이란 뜻으로 2014년부터 동의어로 쓰고 있어요.

어맛! 말맛 살리는 **어휘 양념 퀴즈**

※ 다음 글을 읽고 알맞은 말에 ○, × 하세요.

### ❶ 설거지 (   ) vs 설겆이 (   )

"밥 먹고 나면 바로 ○○○를 하는 사람이 좋아."

😊 힌트  '먹고 난 뒤의 그릇을 씻어 정리하는 일'이에요.

⌁ **설거지(○) / 설겆이(✕)** 인터넷상에서 '설거지'를 '설겆이'로 잘못 쓰는 사람들이 많아요. 아주 옛날에 '설겆다'라는 말이 있었지만 지금은 쓰지 않아요. 그래서 널리 사용되는 '설거지'를 표준어로 쓰도록 규정하고 있어요.

### ❷ 굳이 (   ) vs 궂이 (   ) vs 구지 (   )

"네가 ○○ 그 일을 하겠다면 말리지 않을게."

😊 힌트  '단단한 마음으로 굳게, 고집을 부려 구태여'란 뜻이에요.

⌁ **굳이(○) / 궂이, 구지(✕)** '굳이'는 '굳다'에 부사형 '-이'가 붙은 말이에요. 발음할 때 'ㄷ'과 'ㅌ'이 'ㅣ' 모음과 만나면 [ㅈ]과 [ㅊ]으로 소리 나요. 하지만 그렇다고 소리 나는 대로 쓰면 틀려요.

## 깨름칙하다(O) vs 깨림칙하다(X)

마음에 걸리는 구석이 있어 언짢은 데가 많다.

→ 바퀴벌레가 나온 식당에서 밥을 먹자니 왠지 **깨름칙했다**.

'일이나 사물 따위에 마음이 걸려서 좋지 않은 기분이 들다'를 뜻하는 어휘로 '꺼림하다', '깨름하다'가 있어요. 여기에서 나온 '꺼림칙하다(=꺼림직하다)', '깨름칙하다(=깨름직하다)'는 모두 비슷한 뜻의 복수 표준어예요. 하지만 '꺼림하다'를 '꺼름하다'로, '깨름하다'를 '깨림하다'로 쓰는 건 틀려요. '꺼름—'과 '깨림—'의 말이 없기 때문이에요.

## 통째(O) vs 통채(X)

나누지 않은 덩어리 전부.

→ 고기는 **통째** 구워야 제맛이지.

'-째'는 명사의 뒤에 붙어서 '그대로', 또는 '전부'의 뜻이 있어요. '그릇째', '껍질째', '며칠째' 등으로 쓰이지요. 그래서 '덩어리 그대로'란 뜻으로 쓸 때는 '통째'가 바른 말이에요.

반면 '채'는 '어떤 상태 그대로 있다'란 뜻을 가진 의존 명사예요. 예를 들어, "옷을 입은 채로 잠이 들었다.", "노루를 산 채로 잡았다."처럼 쓸 수 있어요.

## 덥석(O) vs 덥썩(X)

왈칵 달려들어 물거나 움켜잡는 모양.

→ 누군가 어깨를 **덥석** 잡는 통에 깜짝 놀랐다.

**부사**

==단어의 된소리 발음 앞에 'ㄱ, ㅂ' 받침이 올 때는 된소리로 쓰면 안 돼요.== 따라서 '덥썩'이라고 하면 틀려요. '갑자기', '쑥덕쑥덕'도 '갑짜기', '쑥떡쑥떡'이라고 안 쓰는 것처럼요. 그런데 '잔뜩'이나 '깜짝'은 왜 '잔득'이나 '깜작'으로 안 쓸까요? 된소리 발음 앞에 'ㄴ, ㄹ, ㅁ, ㅇ' 받침이 올 때는 된소리 그대로 적어야 한답니다.

## 심술쟁이(O) vs 심술장이(X)

심술이 많은 사람을 귀엽게 이르는 말.

→ 내 장난감을 몰래 숨기다니, 이런 **심술쟁이** 같으니라고.

**명사**

=='-장이'는 '그것과 관련된 기술을 가진 사람'==이란 뜻을 가진 말로, 주로 '달인'이나 '장인'의 경지에 있는 사람을 가리켜요. 옹기 만드는 사람을 '옹기장이', 대장간에서 일하는 사람을 '대장장이'라고 부르지요. =='-쟁이'는 '그것을 나타내는 속성을 많이 가진 사람'==이란 뜻이에요. 고집이 센 사람을 '고집쟁이', 멋있는 사람을 '멋쟁이'라고 해요. 더러 '그것과 관련한 일을 직업으로 하는 사람'이라는 뜻도 있어요. 관상 보는 사람을 '관상쟁이', 그림 그리는 사람을 '그림쟁이'라고 부르거든요. 하지만 이때는 그 사람의 직업을 존중하기보다 낮잡아서 쓰는 경우니까, 주의해야 해요.

명수는 고집쟁이, 형우는 깍쟁이, 보미는 수다쟁이. 나는? 크크크. 멋쟁이!

넌 욕심쟁이, 말썽쟁이, 떼쟁이거든!

어맛! 말맛 살리는 **어휘 양념 퀴즈**

※ 다음 글을 읽고 알맞은 말에 ○, × 하세요.

# ❶ -대( ) vs -데( )

"듣자 하니 그 애가 이번에 엄청난 일을 저질렀○."

😀 힌트   '-다고 해'의 준말로 남이 말한 내용을 전달할 때 써요.

🔓 -대(○) / -데(×)   '-대'는 말하는 사람이 들은 말을 간접적으로 전달할 때 써요. 반면 '-데'는 직접 경험한 사실을 보고하듯 말할 때 써요. "(어제 보니까) 그 친구 엄청 예뻐졌데.", "동이가 밥을 참 잘 먹데." 식으로요.

# ❷ 안 돼( ) vs 안 되( )

"자꾸 거짓말하면 ○ ○. 망태 할아버지가 잡아간다니까."

😀 힌트   어떤 것이 가능하지 않다는 걸 나타내는 말. '되다'의 부정형.

🔓 안 돼(○) / 안 되(×)   동사 '되다'의 부정으로, 문장 마지막에는 '안 돼'의 형태로 띄어 씁니다. "그거 먹으면 안 돼."처럼요. '되다'의 '-되'가 마지막으로 올 수 없다는 걸 기억해요.

# 설렘 가득 생일잔치

## 며칠(O) vs 몇 일(X) — 명사

그달의 몇째 되는 날. 몇 날.

→ 요 **며칠** 동안 눈이 계속 내렸다.

'며칠'을 '몇 일'이나 '몇일'로 잘못 쓰는 경우가 많아요. 아마 '몇 개', '몇 시'처럼 '얼마만큼의 수'를 이르는 관형사 '몇' 때문에 날짜에서도 착각해 쓰는 듯해요. 하지만 '몇 일', '몇일'이라는 말은 없어요. '며칠'은 '며츨 + 을'이 합쳐져 만들어졌어요. '날'을 뜻하는 '―을'은 '이틀, 사흘, 나흘, 열흘'에도 남아 있어요. 따라서 "오늘이 몇 월 며칠이지?" 하거나 "이 일이 며칠이나 걸릴까?"로 써야 해요.

## 설렘(O) vs 설레임(X) — 명사

마음이 가라앉지 않고 들떠서 두근거림. 그런 느낌.

→ 내 마음은 온통 그 애를 향한 **설렘**이 가득해.

'설렘'은 동사 '설레다'의 명사형이에요. 종종 '설레이다'라는 말을 쓰는데, 표준국어대사전에서는 '설레다'만 표준어로 삼고 있어요. 따라서 '설레어, 설레는, 설레고' 등으로 쓰고, '설레여, 설레이는, 설레이고' 등은 틀린 표현이에요. 우리나라 제과회사에서 아이스크림 제품을 '설레임'으로 출시하여 이 표현이 맞다고 생각하는 사람이 있는데, '설렘'이 바른 말이라는 걸 꼭 기억해요!

## 이런 뜻이 있어요

### 단출하다 (O) vs 단촐하다 (X) [형용사]

1. 일이나 차림이 간편하다.
2. 식구나 구성원이 많지 않아 홀가분하다.

→ 학교 식단이 오늘따라 **단출하네**.
→ 가족이 셋이라고? 생각보다 **단출하구나**.

우리말은 'ㅏ, ㅗ'의 양성모음은 양성모음끼리, 'ㅓ, ㅜ'의 음성모음은 음성모음끼리 어울리는 경향이 있어서, '단촐하다'가 맞다고 생각할지도 몰라요. 하지만 이 원칙에도 예외가 있어요. 보다 널리 알려진 말을 표준어로 삼는 원칙 아래 '단출하다', '깡충깡충', '오뚝하다'를 표준어로 인정하고 있어요. '단촐하다', '깡총깡총', '오똑하다'는 비표준어예요.

### 멋쩍다 (O) vs 멋적다 (X) [형용사]

하는 짓이 어색하고 쑥스럽다.

→ 남자는 뭐가 부끄러운지 **멋쩍게** 웃기만 했어.

'멋쩍다'는 '멋이 적다'는 말로 오해해서 '멋적다'라고 쓰는 일이 있는데, 이는 틀린 표현이에요. 명사 뒤에 '-쩍다'가 붙으면 '그런 것을 느끼게 하는 데가 있음'의 뜻을 더하는 형용사가 돼요. '수상쩍다', '미심쩍다', '겸연쩍다', '맥쩍다' 등이 그러한 어휘예요. '멋쩍다'는 하는 짓이 격에 어울리지 않고 어딘가 거북한 상태를 말해요.

# 어맛! 말맛 살리는 **어휘 양념 퀴즈**

※ 다음 글을 읽고 알맞은 말에 ◯, ✕ 하세요.

## ❶ 떡볶이 (   ) vs 떡볶기 (   )

"얘들아, 우리 분식집에 가서 ◯◯◯ 먹자."

😊 **힌트** '적당한 크기의 가래떡과 여러 가지 채소를 넣고 고추장 등으로 양념하여 볶은 음식'이에요.

👆 **떡볶이(◯) / 떡볶기(✕)** 동사 뒤에 '-이'가 붙으면 구체적인 사물을 나타내요. '먹이', '목걸이'처럼요. 떡볶이는 '떡 + 볶 + 이'의 구성으로 '떡을 볶은 음식'이에요. 만약 어떤 행위를 나타내는 '-기'를 써서 '떡볶기'가 되면 이는 '떡을 볶는 행위'가 될 거예요.

## ❷ 깍두기 (   ) vs 깍둑이 (   )

"너 갈 데 없으면 우리가 ◯◯◯로 끼워 줄게."

😊 **힌트** 1. '어느 쪽도 끼지 못하는 사람'을 가리켜요.
2. '무를 고만고만한 크기로 썰어 양념과 버무린 김치'예요.

👆 **깍두기(◯) / 깍둑이(✕)** 무를 '깍둑깍둑' 써는 걸 연상하여 '깍둑이'로 오해하는데, 이는 잘못 쓰는 말이에요. '깍둑'에서 온 말인지 명확하지 않고, '-두기'를 설명할 방법도 없어요. '깍두기'는 [깍뚜기]로 소리 나지만, 'ㄱ, ㅂ' 받침 뒤에서 나는 된소리는 된소리로 적지 않기 때문에 '깍두기'로 써야 해요.

## 우레(O) vs 우뢰(X) — 명사

천둥소리와 번개를 동반한 대기 중의 방전 현상. **천둥**.

→ 갑자기 **우레**가 쳐서 깜짝 놀랐다.

'우레'는 천둥의 순우리말이에요. 옛 문헌에 '울에'라고 표기돼 있는데, 이는 '울다'라는 동사에 '-게'가 합쳐져 '울게'로 됐다가 후에 '울에'로 변한 것으로 추측해요. 그런데 이 말이 한자어의 '우뢰(雨雷)'로 잘못 인식되면서 우리에게 '우레'보다 '우뢰'가 더 알려졌어요. 국립국어원에서는 순우리말을 표준어로 삼고, 그동안 잘못 써 온 한자어는 비표준어로 정리했어요.

## 시끌벅적(O) vs 시끌법석(X) — 부사

많은 사람들이 어수선하게 움직이며 시끄럽게 떠드는 모양.

→ 5학년 2반 교실은 언제나 아이들 소리로 **시끌벅적**이다.

'시끌법석'이라는 말은 없어요. '시끌벅적'과 '소란스럽게 떠드는 모양'인 '법석'을 합쳐서 마음대로 만들어 쓴 말이에요. 사실 '시끌벅적'도 '시끌 + 벅적'이 합쳐진 말인데, '벅적' 또한 '많은 사람이 큰 소리로 떠들거나 움직이는 모양'이란 뜻이 있어요. 이와 비슷한 말로 '야단법석'도 있어요. 많은 사람들이 모여 떠들썩하고 부산스럽게 구는 것'을 말해요.

## 희한하다 (○) vs 희안하다 (✗)

(드물 稀 + 드물 罕) 매우 드물고 신기하다.

→ 살다 보니 별 **희한한** 일을 다 겪어 보는군.

'희한하다'는 '한'을 발음을 할 때 'ㅎ'이 정확하게 소리 나지 않고 'ㅇ'으로 들려서 자주 착각하는 어휘예요. 하지만 뭔가 드물고 신기하다는 표현은 '희한하다'가 맞아요. **'희안하다'라는 말은 사전에 아예 없답니다.** 그런데 요즘 인터넷 댓글이나 휴대폰 채팅창에 틀린 말을 더 많이 써요. '희한하다'의 '희한'은 한자어예요. 발음할 때도 [희안하다]가 아닌, [희한하다]로 정확하게 해요.

## 초주검 (○) vs 초죽음 (✗)

(처음 初-) 두들겨 맞거나 병이 깊어서 거의 다 죽게 된 상태. 또는 피곤해서 꼼짝도 할 수 없는 상태.

→ 며칠 동안 밤을 새웠더니, 손가락 하나 까딱할 힘이 없어. 거의 **초주검** 상태야.

'주검'은 죽은 사람의 몸, 즉 '시체'를 말해요. '초주검'은 주검 앞에 '처음 초(初)'가 합쳐져서 '죽은 지 얼마 안 된 시체', '다 죽게 된 상태'의 뜻이에요. 그런데 요즘 인터넷 글이나 기사에 '초죽음'이라는 말이 많이 보여요. **'초죽음'은 사전에 올라 있지 않은 말이에요.** 아마도 '죽음'이라는 말이 익숙해서 잘못 쓰고 있지 않나 싶어요. 하지만 '초주검'이라는 바른 말이 있는 만큼, '초죽음'은 쓰지 않도록 해요.

어맛! 말맛 살리는 **어휘 양념 퀴즈**

※ 다음 글을 읽고 알맞은 말에 ○, X 하세요.

# ❶ 삼가 (   ) vs 삼가해 (   )

"앞으로 내 앞에서 무례한 행동은 ○○ 주길 바라."

😊 힌트  '몸가짐이나 말을 조심하거나, 꺼리는 마음으로 어떤 횟수가 지나치지 않도록 하는 것'을 말해요.

👉 **삼가(○) / 삼가해(X)** '삼가다'는 옛날 문헌에도 등장하는 어휘로 기본형 **'삼가다'만 표준어로** 삼아요. '삼가, 삼가니, 삼가서' 등으로 쓰지요. 이에 '-하다'를 붙여서 '삼가하다'나 '삼가해'로 쓰지 않도록 해요.

# ❷ 대가 (   ) vs 댓가 (   )

"내가 체력 키우는 법 알려 주면 ○○로 뭐 해 줄래?"

😊 힌트  '일에 대한 값으로 받는 보수', '어떤 희생에 따른 결과'를 뜻해요.

👉 **대가(○) / 댓가(X)** '대가'를 발음하면 [대까]로 소리 나기 때문에 '댓가'로 적는 경우가 있어요. 하지만 '대가(代價)'는 한자어라서 된소리가 나더라도 'ㅅ' 받침(사이시옷)을 적지 않아요. 한자어 중에서 사이시옷이 들어가는 어휘는 '숫자, 셋방, 횟수, 찻간, 곳간, 툇간'만 있답니다.

체력을 키우려면 먹어라, 뛰어라! 그리고 내게 그 대가로 소고기를 사라!

헉헉! 좀 이상해.

많이 이상해!!

## 어떡해 (O) vs 어떻해 (X)

'어떠하게(어떻게) 해'의 줄임말.

→ 동이야, 나 **어떡해**. 이번 시험 망쳤어.

형용사 '어떻다'는 '의견, 상태 따위가 어찌 되어 있다'란 뜻으로, 본말은 '어떠하다'예요. 그리고 '어떡하다'는 '어떠하게(어떻게) 하다'의 준말이지요. 이 말이 문장 맨 끝 '어떻게 해'의 뜻으로 쓰일 때는 '어떡해'가 돼요. '어떻해'라는 말은 없답니다. 참고로 '어떻게'는 '어떻게 된 거야?'처럼 부사로 쓰지요.

## 널브러지다 (O) vs 널부러지다 (X)

1. 너저분하게 흐트러지거나 흩어지다.
2. 힘이 빠져 몸을 추스르지 못하고 늘어지다.

→ 동생 방에 장난감이 온통 **널브러져** 있었다.
→ 너무 힘이 들어서 축 **널브러졌다**.

'널브러지다'를 '널부러지다'로 잘못 쓰는 경우가 많은데, '널부러지다'는 사전에 없는 말이에요. 아마 '힘없이 너부죽이 바닥에 쓰러지다'란 뜻의 '너부러지다'와 뒤섞어서 '널부러지다'로 착각하는 듯해요. '힘이 빠져 바닥에 늘어져 있는 상태'를 말할 때는 '널브러지다'와 '너부러지다' 둘 다 쓸 수 있어요.

 이런 뜻이 있어요

## 거예요(○) vs 거에요(✗)

'것이에요'의 줄임말.

→ 나는 이다음에 멋진 우주비행사가 될 **거예요**.

'예요'는 '이에요'의 준말이에요. 받침이 있는 말 뒤에는 '국이에요'처럼 줄이지 않고, 받침이 없는 말에서 '국수예요'처럼 줄여 쓰지요. 같은 이유로 '거예요'는 '것이에요'의 준말이라 '거에요'로 쓰면 틀려요. 종종 '이예요'로 잘못 쓰는 경우도 있는데, '이에요' 또한 받침이 없으면 '예요'로 써야 한답니다. '이예요'라고 하면 '이이에요'처럼 되어서 말이 어색해져요.

## 웬만하다(○) vs 왠만하다(✗)

1. 정도나 형편이 표준에 가깝거나 약간 낫다.
2. 허용되는 범위에서 크게 벗어나지 않은 상태에 있다.

→ 그 친구는 성실한 성격에 성적도 **웬만했다**.
→ **웬만하면** 인제 그만 친구랑 화해해.

'웬만하다'는 '우연만하다'의 준말이에요. '어떤 정도나 형편이 약간 낫다'란 뜻이 있어요. 이 어휘를 **'왠만하다'로 착각하는 경우가 많은데 이는 없는 말이에요.** '웬'과 '왠'이 헷갈려서 벌어지는 일이에요. '웬'은 '어찌 된'이란 뜻의 관형사로, "웬 말이야?", "웬 놈이야?"처럼 쓰여요. '왠'은 '왜 그런지'의 줄임말로 '왠지'라고 쓰지요. "오늘은 왠지 떡볶이가 먹고 싶다."처럼요. '웬지'라는 말도 없으니, 이 또한 기억해요.

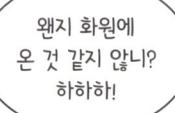
왠지 화원에 온 것 같지 않니? 하하하!

## 어맛! 말맛 살리는 **어휘 양념 퀴즈**

※ 다음 글을 읽고 알맞은 말에 ◯, ✕ 하세요.

### ❶ 역할 (　　) vs 역활 (　　)

> "이번 연극에서 내가 맡은 ◯◯은 무수리야."

😊 **힌트** '마땅히 해야 할 임무'나 '영화, 연극 따위에서 배우가 하는 소임'이란 뜻이에요.

👆 **역할(◯) / 역활(✕)** '역할'은 '부릴 役 + 나눌 割'로 이루어진 한자어예요. 간혹 '역활'이라고 잘못 쓰는 일이 있는데, 이 말은 사전에 올라 있지 않아요. '역할'은 [여칼]이라 발음해야 해요. [여콸]로 잘못 발음하여 빚어지는 착각이랍니다.

### ❷ 거야 (　　) vs 꺼야 (　　)

> "다음 생에는 명수네 고양이 똥이로 태어날 ◯◯."

😊 **힌트** '것이야'의 준말이에요.

👆 **거야(◯) / 꺼야(✕)** '것'을 좀 더 입말로 한 표현이 '거'예요. 여기에 '-야'가 합쳐져서 '거야'가 되는 것이지요. 말할 때 '-ㄹ 거야'가 [꺼야]로 발음되기 쉬운데, 이 때문에 많은 사람이 착각해요. 하지만 '꺼야'란 말은 없답니다.

# 공포의 숨바꼭질

### 숨바꼭질(O) vs 숨박꼭질(X)
술래가 된 사람이 숨은 사람들을 찾는 놀이.

→ 아빠 때는 동네 아이들이 모여서 **숨바꼭질**을 자주 했단다.

'숨바꼭질'은 물속에서 숨을 바꾸러 들어갔다 나왔다 하는 말에서 비롯되었다는 얘기가 있어요. 지금도 전라도 지방에는 잠수부를 가리켜 '숨바꿈쟁이'라고 부르는 말이 남아 있대요. 이 말이 후에 '숨박곡질'이 되었다가 지금은 우리에게 익숙한 '숨바꼭질'로 두루 쓰게 된 것이지요. 간혹 '숨박꼭질'로 쓰는 경우가 있는데, 이는 잘못된 표기예요.
'숨바꼭질'의 준말이 '숨박질'인데, 이 말은 사전에 올라 있어요.

### 구시렁거리다(O) vs 궁시렁거리다(X)
못마땅하여 군소리를 듣기 싫도록 계속 되풀이하다.

→ 엄마는 뭐가 불만인지 밥을 먹으면서 계속 **구시렁거렸다**.

'구시렁거리다'는 뭔가 못마땅하여 혼잣말로 중얼거리거나 투덜대는 거예요. '궁시렁거리다'로 많이 쓰는데, 이는 강원도에서 쓰는 사투리예요. **'구시렁거리다'만 표준어로 인정하고 있어요.** 작은말로는 '고시랑거리다'가 있어요.

 이런 뜻이 있어요

### 햂쑥하다(○) vs 햂쓱하다(✕)  *형용사*

얼굴에 핏기가 없고 파리하다.

→ 뭐에 놀랐는지 그 애의 얼굴이 한순간 **햂쑥해졌다**.

'햂쑥하다'는 얼굴이 창백한 걸 말해요. 그런데 이 말을 '햂쓱하다'로 잘못 쓰는 일이 있어요. **'햂쓱하다'는 사전에 올라 있지 않아요.** 아마도 '햂쑥하다'와 비슷한 뜻을 가진 '해쓱하다'와 섞어 쓰면서 '햂쓱하다'로 착각하는 듯해요. 하지만 비표준어인 만큼 바른 말을 써야겠죠? 그 밖에 '헬쓱하다'나 '햂슥하다' 등도 사전에 없는 말이에요.

### 창피(미쳐 날뛸 猖 + 헤칠 披)(○) vs 챙피(✕)  *명사*

체면이 깎이는 일이나 아니꼬운 일을 당함. 또는 그에 대한 부끄러움.

→ 눈길에서 맥없이 넘어지다니, 이게 무슨 **창피**람.

'창피'는 '창피하다'의 명사형으로, 한자어예요. 이 말을 발음할 때 많이들 [챙피]라고 해요. 마치 '아기'를 [애기]로, '가랑이'를 [가랭이]로 말하는 것과 비슷하지요. 'ㅏ, ㅓ' 뒤에 'ㅣ'가 오면 'ㅐ'로 말하려는 경향이 있어요. 하지만 이러한 현상을 표준어에서는 인정하지 않아요. 그래서 **글자의 형태 그대로 '창피',** **'창피하다'라고 말하고 써야 한답니다.**

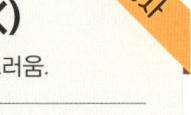

야! 일곱 살 때 바지에 똥 싼 형우야!!

## 어맛! 말맛 살리는 **어휘 양념 퀴즈**

※ 다음 글을 읽고 알맞은 말에 ○, × 하세요.

### ❶ 어이없다 (   ) vs 어의없다 (   )

"적반하장도 유분수지, 너 진짜 ○○○○."

😊 **힌트**  '일이 너무 뜻밖이라 기가 막히는 듯하다'는 뜻이에요.

👆 **어이없다(○) / 어의없다(×)** 요즘 인터넷 댓글이나 채팅 창에 '어의없다'라고 잘못 쓰는 사람이 많아요. '어의'는 임금의 병을 치료하던 의원이에요. 그런 '어의'가 없다니, 무슨 말이죠? 뜻밖의 황당한 상황에서는 '어이없다' 또는 '어처구니없다'라고 써야 해요. '어의없다'라는 말은 사전에 없답니다.

### ❷ 뒤치다꺼리 (   ) vs 뒤치닥거리 (   )

"내가 언제까지 네 ○○○○○를 해야 하는데?"

😊 **힌트**  '뒤에서 보살펴 도와주는 일'이나 '뒤끝을 정리하는 일'을 말해요.

👆 **뒤치다꺼리(○) / 뒤치닥거리(×)**  '뒷바라지', '뒤처리'와 비슷한 말로 '뒤치다꺼리'라고 써요. '뒤치닥거리'는 사전에 없는 말이에요. '꺼리'를 소리 그대로 쓰는 게 어색해서 '거리'라고 착각하는데, 엄연히 '치다꺼리'는 '일을 치러 내는 일'로 사전에 올라 있답니다.

## 해님(○) vs 햇님(✕) — 명사

해를 사람처럼 생각해서 높이거나 다정하게 이르는 말.

→ 동쪽 하늘에 떠오른 **해님**이 나를 보고 방긋 웃는 듯했다.

'해님'은 '해'와 높임을 나타내는 접미사 '-님'이 합쳐진 말로, **[해님]이라고 읽고 '해님'으로 써요.** 이 말에 '사이시옷'을 넣어 '햇님'이라고 쓰지 않아요. 이는 두 말 모두의 본뜻이 살아 있는 합성어가 아니기 때문이에요. '사이시옷'은 본뜻이 살아 있는 두 가지 낱말 중에서 '순우리말 + 순우리말', '순우리말 + 한자어', '한자어 + 순우리말'일 때 넣어요. 그런데 '나무꾼', '뒤처리'처럼 뒷말 첫소리가 된소리나 거센소리가 나면 사이시옷을 쓰지 않아요.

## 우리나라(○) vs 저희 나라(✕) — 명사

우리 한민족이 세운 나라를 스스로 이르는 말.

→ K팝이 전 세계적으로 큰 인기를 누리다니, **우리나라**가 정말 자랑스럽다.

자기의 나라나 민족은 남의 나라나 사람들 앞에서 낮출 대상이 아니에요. 따라서 **'우리나라'는 '우리'의 낮춤말인 '저희'로 써서 표현하지 않아요.** 보통 우리 한민족이 세운 나라를 '우리나라'라고 붙여서 쓰지만, 외국 사람이 자신의 나라를 가리키는 말을 글로 표현할 때는 '우리 나라'라고 띄어 써야 해요.

## 맵시(O) vs 맵씨(X) — 명사

아름답고 보기 좋은 모양새.

→ 단정한 한복 차림으로 한껏 **맵시**를 부렸다.

'맵시'를 '맵씨'라고 쓰면 틀려요. '마음씨, 솜씨, 말씨' 등의 어휘와 비슷해서 많이들 착각해요. '솜씨'나 '마음씨'는 '손'과 '마음'이라는 명사에 '태도' 또는 '모양'의 뜻을 더하는 접미사 '-씨'가 붙어서 만들어진 말이에요. **'맵시'는 그렇게 만들어진 말이 아니고, 'ㅂ' 받침 뒤의 소리가 된소리로 나기 때문에 맞춤법 규정에 따라 예사소리 '시'로 표기해요.** '접시'를 '접씨'라고 쓰지 않는 것과 같아요.

## 안성맞춤(O) vs 안성마춤(X) — 명사

(편안할 安 + 재 城) 요구하거나 생각한 대로 잘된 물건을 이르는 말. 조건이나 상황이 잘 어울림.

→ 그 옷이 너한테는 딱 **안성맞춤**이다.

'안성맞춤'은 놋그릇이 유명한 경기도 안성에다 그릇을 일부러 맞춘 일에서 유래된 말로, 물건이 잘 되거나 조건이 어울릴 때 써요. **'안성마춤'으로 잘못 적는 일이 있는데, 과거에는 그렇게 표기하다가 지금은 '맞춤'으로 통일했어요.** '맞춤'은 '어긋남 없이 하다', '옷을 규격대로 미리 맡기다'란 뜻의 '맞추다'를 명사형으로 한 거예요.

## 어맛! 말맛 살리는 어휘 양념 퀴즈

※ 다음 글을 읽고 알맞은 말에 ○, × 하세요.

### ❶ -로서( ) vs -로써( )

"국가 대표○○, 이번 대회에서 최선을 다하겠습니다."

😀 힌트 ) '지위나 신분 또는 자격을 나타내는 격 조사'예요.

👉 -로서(○) / -로써(×) '-로서'는 '어떤 지위'를 말하고, '-로써'는 '수단'으로 사용될 때 써요. 예를 들어 "노래로써 마음의 병을 위로받았다."처럼요. 둘을 구별하기 위해 '~를 가지고'를 넣어 보는 것도 방법이에요. '믿음으로써 사랑을 쟁취했다'는 '믿음을 가지고 사랑을 쟁취했다'로 바꾸어 쓸 수 있어요. 그렇다면 '로써'가 들어갈 자리인 거예요.

### ❷ 얽히고설켜서( ) vs 얼키고설켜서( )

"그 실은 ○○○○○○ 잘 풀리지 않아."

😀 힌트 ) '가는 것이 이리저리 뒤섞이다', '관계, 일 따위가 복잡하게 되다'의 뜻이에요.

👉 얽히고설켜서(○) / 얼키고설켜서(×) '얽히고설키다'는 '얽히고설킨 실타래', '얽히고설킨 인연'처럼 써요. '얽히섥히다'나 '얼키고설키다'라고 쓰는 일이 있는데 이는 모두 틀린 표기예요. '얽히고설키다'는 표준국어대사전에도 한 단어로 올라 있으므로 붙여 써야 해요.

① '설레다'의 명사형. 두근두근 떨리는 마음.
② 술래가 된 사람이 숨은 사람들을 찾는 놀이.
④ 글씨나 그림을 지우는 물건.
⑥ 막대기나 수수깡의 한쪽 끝에 풀로 색시 머리 땋듯이 곱게 땋아서 만든 인형.
⑦ 사물의 존재나 가치를 알아주지 아니함.
⑧ 고기와 채소를 중국 된장인 춘장에 볶아 국수와 비벼 먹는 중화요리. 자장면.
⑨ 씩씩하고 굳센 기운.
⑪ 온갖 도서, 출판물 따위가 있는 시설.
⑬ 남이 시키는 일을 하여 주는 일.

❶ 먹고 난 뒤 그릇을 씻어 정리하는 일.
❷ 숨을 쉴 때의 상태. 숨의 높낮이.
❸ 꼭두각시놀음에 나오는 여러 가지 인형.
❺ 소를 사고파는 장.
❻ 불을 피울 때에 바람을 일으키는 기구. ○○질.
❽ 마음에 꼭 맞지 아니하여 발칵 역정을 내는 짓. ○○을 내다.
❿ 면도할 수 있도록 만든 기구.
⓬ 어떤 것에 마음이 끌려 주의를 기울임.
⓮ 두 사람이 마주 앉아서 다리를 걸어 상대편을 넘기는 놀이. 다리씨름.

## 큭큭! 어휘 수수께끼

❶ 적은 적인데 정신없이 어수선한 적은?

❷ 'ㅏ, ㅑ, ㅓ, ㅗ, ㅛ, ㅜ, ㅠ, ㅡ'를 4글자로 줄이면?

❸ 누군가 창으로 찌르려고 할 때 해 줄 수 있는 말은?

❹ 공기는 공기지만 숨 쉴 수 없는 공기는?

❺ '보통'의 반대말은?

❻ 엄마, 아빠를 거의 매일 찾아가는 거지는?

❼ 빨리 도망가야 이기는 것은?

❽ 가장 멋없고 멋쩍게 추는 춤은?

❾ 놀부가 제일 좋아하는 술은?

정답
❶ 시원하다 ❷ 아이없다 ❸ 롱 피하비
❹ 달음기 ❺ 문빼기 ❻ 싱가시
❼ 달리기 ❽ 엉축몸 ❾ 낮술

### 1 34쪽

| 투 | 정 | 하 | 다 |   | 눈 | 치 |
|---|---|---|---|---|---|---|
|   |   |   | 람 |   |   | 타 |
| 조 | 심 |   | 쥐 | 구 | 멍 |   |
| 바 |   |   |   |   | 청 |   |
| 심 | 심 | 풀 | 이 |   | 이 | 마 |
|   | 술 |   |   |   |   | 음 |
|   | 보 | 잘 | 것 | 없 | 다 |   |

### 2 60쪽

| 유 | 언 | 비 | 어 |   | 파 | 산 |
| 리 |   | 상 |   |   | 전 | 도 |
|   |   | 문 | 지 | 기 |   | 깨 |
| 냉 | 면 |   |   | 여 | 우 | 비 |
|   | 목 | 요 | 일 |   | 왕 |   |
|   |   |   | 기 |   | 좌 | 석 |
| 일 | 취 | 월 | 장 |   | 왕 |   |

### 3 90쪽

|   | 거 |   | 풋 | 내 | 기 |
| 고 | 드 | 름 | 사 |   | 억 |
|   | 름 |   | 과 | 거 |   |
|   |   | 천 | 재 |   |   |
| 고 | 수 |   | 미 | 천 | 하 | 다 |
|   | 요 | 절 |   | 둥 |   | 림 |
|   | 일 | 교 | 차 |   | 입 | 질 |

### 4 116쪽

| 초 | 대 |   | 마 |   | 강 | 점 |
| 록 |   | 독 | 차 | 지 |   | 쟁 |
|   |   | 창 |   | 구 | 렁 | 이 |
| 소 | 등 |   | 기 | 본 |   |   |
| 심 | 장 |   | 우 |   | 공 | 유 |
| 하 |   | 개 |   | 호 | 감 |   |
| 다 | 락 | 방 |   | 사 | 대 | 부 |

**5** 150쪽

| ①안 |  | ③수 | 리 | ④비 |  | ⑥절 |
| --- | --- | --- | --- | --- | --- | --- |
| ②부 | ⑦치 | 다 |  | ⑤치 | 료 | 제 |
|  | 우 |  | ⑨괴 | 다 |  |  |
| ⑧데 | 다 |  | 물 |  | ⑫벼 | 룩 |
| 우 |  | ⑩토 |  | ⑬소 | 리 |  |
| 다 |  | 마 |  | ⑭다 | ⑮도 |  |
|  | ⑪적 | 토 | 마 |  |  | 장 |

**6** 184쪽

| ①설 | 렘 |  | ②숨 | 바 | ③꼭 | 질 |
| --- | --- | --- | --- | --- | --- | --- |
| 거 |  |  | 결 |  | 두 |  |
| ④지 | ⑤우 | 개 |  | ⑥풀 | 각 | 시 |
|  | 시 |  |  | ⑦무 | 시 |  |
| ⑧짜 | 장 | ⑩면 |  |  |  | ⑭발 |
| 증 |  | ⑪도 | 서 | ⑫관 |  | 씨 |
|  | ⑨용 | 기 |  | ⑬심 | 부 | 름 |

 어휘 찾아보기

## ㄱ

가르치다 … 123
가리키다 … 123
가탈 … 33
각박하다 … 41
간절하다 … 19
간청 … 19
갈팡질팡하다 … 47
강심장 … 99
강점 … 98
개발 … 147
개방하다 … 110
개업하다 … 102
거드름 … 77
거름 … 50
거스르다 … 124
거슬리다 … 124
거야 … 175
거예요 … 174
거주지 … 45
건방지다 … 24
걸작 … 113
걸출하다 … 37
결단하다 … 147
결딴나다 … 147
결핍하다 … 94
겸손하다 … 76
경험하다 … 49
계발 … 147
계약 … 97
고갈되다 … 89
고귀하다 … 75
고대하다 … 57
고수 … 68
고요하다 … 106
곱빼기 … 157
공감대 … 95
공급 … 105
공유 … 114
과분하다 … 87
광활하다 … 83
괴다 … 132
교만하다 … 76
구매하다 … 97

구면 … 67
구미 … 20
구시렁거리다 … 177
군소리 … 16
굳이 … 159
귀가 … 109
귀성 … 109
그치다 … 144
금쪽같다 … 75
굿다 … 144
기대하다 … 57
기름지다 … 49
기미 … 11
기부 … 89
기억 … 71
기우 … 111
길몽 … 71
깍두기 … 167
깐깐하다 … 23
깨끗이 … 158
께름칙하다 … 161
꼬투리 … 31
꾀다 … 132
꾸중하다 … 15
낌새 … 11

## ㄴ

낫다 … 132
낯설다 … 67
낯익다 … 67
낳다 … 132
냉담하다 … 38
널브러지다 … 173
노려보다 … 38
누리다 … 27
늘리다 … 148
늘이다 … 148

## ㄷ

닦다 … 125
닦달 … 125
단서 … 54
단출하다 … 166
달인 … 69
담그다 … 127
담다 … 127
-대 … 163
대가 … 171
대담하다 98

-던지 … 149
덥석 … 162
-데 … 163
데다 … 140
데우다 … 140
도끼눈 … 39
도도하다 … 24
도산 … 42
도탑다 … 27
독차지 … 114
돈독하다 … 27
돋구다 … 137
돋우다 … 137
동정 … 28
동참하다 … 107
둔재 … 79
뒤지다 … 131
뒤집다 … 131
뒤치다꺼리 … 179
드러내다 … 148
-든지 … 149
들르다 … 127
들리다 … 127
들어내다 … 148
들어맞다 … 114
듬성하다 … 83
떠받들다 … 72
떡볶이 … 167
뜬소문 … 58
띄다 … 123
띠다 … 123

## ㄹ

-로서 … 183
-로써 … 183

## ㅁ

마음씨 … 23
만끽하다 … 27
만수무강 … 81
맛보다 … 51
망각 … 71
망하다 … 102
맞추다 … 124
맞히다 … 124
매다 … 141
매정하다 … 43
맵시 … 182
맹렬하다 … 42

멋쩍다 … 166
메다 … 141
며칠 … 165
면목 … 41
명탐정 … 55
모략하다 … 32
모험하다 … 32
모호하다 … 80
무관심 … 95
무난하다 … 37
무성하다 … 83
미심쩍다 … 11
미천하다 … 75

## ㅂ

바라다 … 136
바래다 … 136
반품하다 … 99
반항하다 … 72
밥맛 … 21
방황하다 … 45
배다 … 128
베다 … 128
벼르다 … 135
벼리다 … 135
보잘것없다 … 24
보전하다 … 107
보태다 … 106
복종하다 … 72
부익부 … 87
부족하다 … 87
부치다 … 131
붇다 … 139
불매하다 … 97
불평 … 15
불황 … 101
붓다 … 139
붙이다 … 131
비방하다 … 32
비범하다 … 79
비옥하다 … 49
비참하다 … 53
비추다 … 135
비치다 … 135
빈곤 … 88
빈익빈 … 87
빌다 … 129
빌리다 … 129
뽐내다 … 12

## ㅅ

삼가다 … 171
삼림 … 85
상행선 … 109
생소하다 … 68
석연하다 … 13
선순환 … 88
설거지 … 159
설렘 … 165
성미 … 23
소등 … 105
소심하다 … 98
수요 … 105
숨바꼭질 … 177
시끌벅적 … 169
시시하다 … 25
시치미 … 55
식사 … 20
식욕 … 20
식음 … 20
신동 … 81
실마리 … 54
실직자 … 101
심보 … 25
심술쟁이 … 162
싸다 … 145
쌀쌀맞다 … 38
쌓다 … 145

## ㅇ

아부 … 77
악감 … 94
악몽 … 71
악순환 … 88
악평 … 113
안 돼 … 163
안달 … 31
안도하다 … 110
안색 … 12
안성맞춤 … 182
안절부절못하다 … 33
애원 … 19
애타다 … 110
야단 … 17
아무지다 … 23
야박하다 … 41
야심작 … 115
약발 … 51
약점 … 98

양달 … 84
어긋나다 … 114
어떡해 … 173
어이없다 … 179
얼굴빛 … 12
얽히고설키다 … 183
업신여기다 … 72
엇비슷하다 … 46
여위다 … 144
여의다 … 144
역할 … 175
연기 … 58
연민 … 28
염치 … 43
영락없이 … 54
오롯하다 … 94
옥신각신하다 … 28
요란하다 … 106
요절 … 80
우기다 … 140
우러나다 … 139
우레 … 169
우려내다 … 139
우리나라 … 181
우쭐하다 … 12
욱여넣다 … 140
원만하다 … 37
웬만하다 … 174
유사하다 … 46
유연비어 … 58
유예 … 58
응달 … 84
의기양양하다 … 12
의심스럽다 … 11
의존적 … 93
이기적 … 93
이타적 … 93
인위적 … 84
인정 … 29
잃어버리다 … 136
잊어버리다 … 136

## ㅈ

자연적 … 84
자장면 … 157
자주적 … 93
잔소리 … 16
잘나다 … 39
장수 … 80
저리다 … 128

절다 … 128
절박하다 … 21
절실하다 … 19
점등 … 105
정답다 … 29
조바심 … 31
졸작 … 113
주소지 … 45
지나다 … 143
지내다 … 143
지름길 … 111
짜장면 … 157

## ㅊ

착각하다 … 47
참혹하다 … 53
창피 … 178
천재 … 79
철저히 … 76
체면 … 41
체험하다 … 49
초면 … 67
초주검 … 170
추론 … 53
추리 … 53
추억 … 73
축내다 … 106
출중하다 … 37
취업자 … 101
취직 … 103
치르다 … 143
치열하다 … 42
치우다 … 143
친숙하다 … 68

## ㅌ

털어놓다 … 16
토로하다 … 16
통째 … 161
퇴비 … 50
트집 … 31
틀림없이 … 54
티격태격하다 … 28

## ㅍ

파산 … 42
팔방미인 … 115
평범하다 … 79

폐쇄하다 … 110
폐업하다 … 102
폭발 … 158
폼 … 13
푸념 … 15
풋내기 … 69
풍문 … 59
풍요 … 88

## ㅎ

하수 … 68
하잘것없다 … 24
하찮다 … 75
하행선 … 109
학수고대하다 … 59
항복하다 … 74
해님 … 181
해바라기 … 85
해산하다 … 57
해어지다 … 133
해지 … 97
해체하다 … 57
핼쑥하다 … 178
허술히 … 76
험담하다 … 32
헛소리 … 17
헤매다 … 45
헤어지다 … 133
헷갈리다 … 46
협소하다 … 83
호감 … 94
호평 … 113
호황 … 101
혼나다 … 15
혼돈되다 … 46
확실하다 … 80
효능 … 50
효험 … 50
휴업 … 103
흘겨보다 … 38
흥하다 … 102
희한하다 … 170

말맛이 살고 글맛이 좋아지는
## 어맛! 어휘 맛집

**1판 1쇄 발행** 2020년 11월 30일
**1판 10쇄 발행** 2024년 11월 30일

**글**　　　홍옥
**그 　림** 뿜작가

**펴 낸 이**　김유열
**디지털학교교육본부장**　유규오
**출판국장**　이상호
**교재기획부장**　박혜숙
**교재기획부**　장효순

**책임편집**　홍옥
**디 자 인**　김수인
**인　　쇄**　애드그린인쇄

**펴 낸 곳**　한국교육방송공사(EBS)
**출판신고**　2001년 1월 8일 제2017-000193호
**주　　소**　경기도 고양시 일산동구 한류월드로 281
**대표전화**　1588-1580
**이 메 일**　ebsbooks@ebs.co.kr
**홈페이지**　www.ebs.co.kr

**I S B N**　978-89-547-5439-2　74700
　　　　　978-89-547-5398-2 (세트)

ⓒ 2020, EBS·홍옥·뿜작가

이 책은 저작권법에 따라 보호받는 저작물이므로 무단 전재 및 무단 복제를 금합니다.
파본은 구입처에서 교환해 드리며, 관련 법령에 따라 환불해 드립니다. 제품 훼손 시 환불이 불가능합니다.